幻の講話

第四巻

人は何のために生きるか

森信三

致知出版社

はしがき

一、この叢書は、もともと一貫した精神によってつらぬかれているゆえ、根本的な調子はほぼ似通っているといえましょう。

二、しかしながら、その間おのずから、巻を追って程度が少しずつ高まるように工夫したつもりです。

三、そしてこの第四巻は、中等三年から高校一、二年生辺の人びとを心に念じつつペンを進めましたが、しかしどなたがご覧下さっても結構なことは、もとより申すまでもありません。

目次

第一講――開講のあいさつ

――先師について――

校長先生とならんで、その上席に妙な服装をした方がいられる。校長先生のお話によると、「道服」というのだそうである。やがて校長先生が壇上に立たれて、

「かねて予告しておいたように、この新学年の行事の一つとして、皆さん達に名児耶承道先生から、一年間『人生講話』のご講話をして頂くことになりました。いずれ先生からもお話があろうかと思いますが、先生はすぐれた『隠者』として、日本の心ある人々から深く尊信せられている、今は亡き有間香玄幽先生の一番弟子にあたるお方であります。ですから、こういうリッパな先生に、一年間お話が頂けるということは、皆さん方にとっては、非常に幸せなことであって、わたくし自身としても深謝に堪えないしだいです。

随って、たんに一場の講話としてそのまま消えてゆくのは、如何にも残念と思いまして、すでに担任の先生方から聞かれたでしょうが、順に当番をきめて筆記して行って、あとで清書したものを、さらに先生に眼を通していただいて、後日それをプリントにし、皆さん方にお分けするようにしますから、当番以外の人は筆記などしないで、真剣に先生の一言一句を、心に刻みつけるようによく聞いて下さい」

以上で校長先生のご紹介がすむと、やがて入れかわりに、名児耶先生が演壇にお起ちになった。見馴れぬ服装――道服――であるが、先生には非常にピッタリとよくお似合いである。お齢は四十歳を

少し越えていられるかと思う。中肉中背というところ。やがて先生は静かに話を始められた。

ただ今、校長先生からご紹介をいただいた「名児耶」と申す者ですが、これから一年間、毎週一回、この月曜日の第一時限に、「人生講話」という題で、皆さん方にお話をすることになりました。しかし、わたくしはこの学校の正式な先生ではありませんので、今後わたくしのお話することが、はたして皆さん方にどのように聞いていただけるものか、正直に申してあまり自信はありません。しかしながら、校長先生との特別なご縁によって、ご依頼がありましたので、とにかくこの一年間、わたくしとしても、一おう自分の最善を尽してみたいと考えている次第です。同時に、後ほど紙をくばって、今後皆さん方がお聞きになりたいと思われるような色々な問題を書いていただいて、それらを参考にしながら、今後の話を進めて行きたいと考えている次第です。もちろんこの講話は、「一問一答」の座談会とは違いますので、皆さん方の出されたテーマのすべてを、そのまま取り上げるというわけには参りません。しかし皆さん方のご要求の多い事柄については、わたくしも十分に考慮して話を進めることにしたいと思います。

さて唯今わたくしは、御校の校長先生とは、とくべつの関係があると申しましたが、この点については、ついでにこの際一言申し上げて置く必要があろうかと思います。と申しますのも、御校の校長先生は、今は亡きわたくしの先師、有間香玄幽先生をひじょうにご尊敬になられて、先師の遺著などもよく読んでいて下さるのであります。ですから、わたくしと校長先生とのご縁は、そのように間に先師有間香先生がいられるのでありまして、こういう関係を一般には「道縁」（板書される）と申すのであります。すなわち道につながる縁という意味です。

それ故わたくしのこの話も、必然に先師のことから始めねばならぬわけでありまして、この点については、皆さん方にもご了承が戴けるかと思うのであります。申しますのも、これから一年間皆さん方に対してお話する事柄のすべては、結局根本的には、今は亡きこの先師から、わたくし自身が学びかつ教わった事柄だからであります。もっともこうは申しましても、そこは精神の問題でありますから、先師から単に知識として受けとったものを、そのまま受け売りをするというわけのものでないことは申すまでもありません。そうではなくて、先師のご精神が、深くこの「わたくし」という一人の人間の心の底に沁み透って、それがやがて、このわたくしの心《こころ》と体《からだ》とを動かしているその趣きを、皆さん方にお伝えしようというわけであります。

随って、同じ筆法で申しますと、これからわたくしが、皆さん方にお話してゆく事柄についても、もしそのうちに、皆さん方の心を打つものがあって、それが皆さん方の心の底まで沁み透ったとしたら、皆さん方の中には、これまでとはその生活態度が違ってくるという人も、出て来るかも知れません。そしてもしそういう人が二、三人でも出て来たとしたら、否、たとえ一人でももし現われたとしたら、少なくともわたくし自身としては、非常に満足であります。否、それは実に辱《かたじ》けないことと申さねばなりません。

と申しますのも、この地上では、一人の人間の考え方とか生き方というものが、根本的に変わってくるということは、実は大へんな事だからであります。単に一つの知識を他人に知らせるという程度のことでしたら、それは比較的簡単なことでありまして、いわゆる学校教育というものは、ともすればそうした事だけに終わりがちだとも申せましょう。次には、ある一つの考え方を、一おう相手の人に理解させるということも、もちろん断片的な知識ほどにたやすくはないとしても、さまで困難ではないかも知れません。そして今日の大学教育などというものは、ともすれば、この程度に留まる場合が多いとも申せましょう。ところが、先ほど申したように、一つの考え方が――それを思想といってしまっては、もうひとつピッタリいたしませんけど――相手の人の心に深く溶け込んで、やがてその人の生き方の上に、大きな変化が生じてきたとしたら、これはこの人の世においては、実に貴いことであり、否、実に偉大なことと言ってもよいでしょう。

一人の人間の生命が、この地上に生誕するということも、わたくしにとりましては、現在人々の考えがちな、そうした簡単なことではないと思うのであります。何となれば、そこには実に絶大な「宇宙意志」ともいうべきものが作用しているからであります。今後いかに自然科学が発達いたしましても、一人の人間の生命は、これを試験管の中で、自由に男女として作り出すわけにはゆかないでしょう。またそれは、たとえ百億千億の金を積んだとしても、不可能なことであります。しかるに今日、人びとの多くは、この点について、ともすれば非常に軽く考えているようですが、わたくしは、この地上に一人の人間の生命が生誕するということは、唯今も申すように、根本的には「宇宙意志」の大用という他ないと考えるのでありまして、これは実に絶大な「事件」でありまして、これぞまさしく、この地上における最大の「奇蹟」といってよいと思うのであります。

随って、このように、いわば「宇宙意志」によって、この地上に生誕せしめられた一人の人間に対して、その人の生き方の上に一大変化を生ぜしめ、この二度とない人生を自覚的に生きるような原動力を与えることが、もしある程度出来たとしたら、これもまた前者に劣らず、スバラシイことと言えるのではないでしょうか。随って、もしこの様に考えて来ますと、先ほどわたくしが、このわたくしの拙い話がキッカケとなって、皆さん方の中に、たとえ唯の一人にもせよ、その生き方の上に、一つの根本的な変化の生じる人が現われたとしたら、たとえ数の上からは、ほんの一人二人に過ぎないとしましても、それは実に大したことだと思うのであります。

さて、以上前置きとしてはやや長くなりましたが、しかしこうしたわたくしの考え方自体が、実は先ほど来申してきた、今は亡き先師有間香玄幽先生から教えられたことなのであります。そこで、今日この「人生講話」を始めるにあたっては、ほんのあらましにもせよ、どうしてもこの先師について、お話しておかねばならぬと思うのであります。もしまた皆さん方のうちに、先師について、もう少し詳しいことが知りたいと思われる方がありましたら、他に適当な書物がありますから、どうかそれを読んで頂きたいと思います。それは[1]「隠者の幻」という書名の本でありまして、ひじょうに深い内容が、しかも誰にも分かるように、大変興味深い書き方で書かれていますから、心ある方々はどうぞお読みいただけたらと思うのであります。

ところで、この先師有間香玄幽先生には、わたくしは、自分の人生のスタートにおいて、約七年間ほど師事したのでありますが、それはこのわたくしにとりましては、文字通り「生涯の師」というべき方だったのであります。このようにわたくしは、ほぼ七年間ほどの間、先師に師事したのでありますが、しかし先師の生国については、先師がお亡くなりになられるまで、正確なことは分らなかったのであります。わたくしは先師を、南朝の遺臣の血を引いた、大和の十津川の郷士の家系の方かと思ったこともあります。また先師を、信州の戸隠山中の修験道の「血」を引かれた方かと考えたこともあります。あるいはまた、日向と肥後の国境の山深い米良で、菊池の一族の支族にあたる方かと考えたこともあります。しかし、それらのどの一つも、直接先師の口からお聞きしたわけではないのでありまして、要するに先師の生国や故郷については、生前先師の教えを受けている間は、一度としておっしゃられたことはなかったのであります。しかるに、それが結局は、最初にわたくしの申した、大和の十津川の方だったということが分ったのは、「隠者の幻」の最後に近い辺に出てくる先師の「遺書」によって、初めてハッキリしたのであります。

では、わたくしみたいなつまらない人間が、どうして先師とのご縁が生じたか――ということが、皆さん方にもご疑問でしょうが、それは先ほど申した「隠者の幻」の中にも記されてありますように、先師は敗戦前は東大の助教授だった方ですが、終戦と同時に職を辞して、全国各地を経めぐられたのであります。そしてそれは、真の学問というものは、――ちなみに先師のご専門は哲学ということでしたが

――大学というような「象牙の塔」にこもっているだけでは、真に民衆の心にふかく通うものにはならないということを、「敗戦」という民族の悲劇的体験を機として、深く目覚められたからであります。もっとも、先師のこうしたお考えは、すでに戦前から、その萌芽は兆していられたようでありまして、その一つの証拠としては、すでに全国各地に、多くの同志を持っていられたのであります。さればこそ先師は、敗戦を機として職を投げ打つ決心もなさったわけであります。

しかしながら、それから以後の先師の足跡については、わたくしどもにも、その詳細は分りかねるのであります。しかし先師が全国各地の同志のところをへめぐって、各地に「民族再建」の火ダネを頒布していられたことは確かであります。もっともその間に――というよりもそれ以前に、つまり東大を退かれるや直ちに、先師は色々とわが国の下層階級の人々の中に立ち混って、生活を共にしながら、つぶさにその実情を知悉せられたようであります。それらは工業地帯と農漁村とに大別できるようですが、先ほどわたくしが、先師は全国的に各地に同志を持っていられたと申したのは、それによるのでありま す。このように先師は、祖国の再建は大学というような「象牙の塔」にこもっていては、とうてい出来るものではなく、全国各地で大地に根を下している、いわゆる「地下水的真人」ともいうべき人々と、広く手をつなぐことによって、その見えない礎石が置かれるものだということを、明確に洞察し確信していられたのであります。

しかしこの際大事なことは、このようにして先師は、戦後直ちに東大を退かれると共に、わが国の基盤を形成している一般民衆の中で生活を共にすると同時に、さらにこの日本国を現実最下の基盤において支えている、「地下水的真人」の水脈ともいうべきものを、次から次へとたぐって、全国各地に同志の人々を発掘せられたのであります。そこでそれらの人々の中に、そうした同志がひとつ全国的な組織を結成して起ち上がったら——ということを、先師に進言した人もあったようであります。しかるに、先師はそれに対して応じられなかったばかりか、やがてその居所をもくらまされたのでありまして、わたくしが先師の存在を知ったのは、まさにそのような時期においてだったのであります。

その頃わたくしは、京都大学の哲学科の一学生でしたが、当時わたくしの親しくしていたある先輩から、先師のことを聞かされ、そして少数に限定せられていた月一回の小集に加わることを、勧誘せられたのであります。その頃のことや、先師をめぐる同志の小集の模様など、とくに先師のお人となりなどについては、とうてい此処で皆さん方に、詳しくお伝えすることは出来ませんので、どうぞ心ある方は、先に申しました「隠者の幻」という書物を読んで頂けたらと思います。とにかく先師が、いかに卓《すぐ》れた方だったかということをお伝えするのは、わたくし如き者にはとうてい出来ることではありませんが、そのころ先師は京都の北白川の奥の、比叡山麓の山中ふかく隠棲していられたのですが、われわれ同志の誰一人として、そのお住まいの場所を知っていた者はなかったのであります。北白川の山中には、むかし白隠禅師の病気を救ったといわれる白幽師という「隠者」が隠棲していたと伝えられていますが——現在そこには鉄斎の建てた碑も立っていますが——先師の隠棲の地は、それから更にさらに山深く入って行ったところにある巌窟だったらしいのですが、しかし同志の中にも誰一人として、そこまで行った者はなかったのであります。

では先師は、それほど多くの「地下水的真人」を同志として持ちながら、どうしてそのような徹底した隠棲生活に入られたのでしょうか。それはある意味では、千古の「謎」といってもよいでしょう。しかし要するに先師のお考えでは、総じて真実の事を為そうとするには、何よりも先ず、その中心責任者たるものが、「名利の念」を越えなければならぬ——と考えられたのでありました。先師の隠棲は、実にそうした名利の念を超脱するためだったようであります。ところが先師は、そうした隠棲生活七年にして、ついに「人間というものは、この肉の〝躰〟を持っているかぎり、徹底的に名利の念を断つということは、不可能だ」ということを徹見せられたようであります。しかるにその時、先師の肉体的生命は、すでに不治の病患に犯されていたのであります。そこで先師は、われわれ十名前後の同志に宛てた「遺書」を残して、人跡未到の山中ふかくその蹤《しよう》跡《せき》を没せられたのであります。（ここで名児耶先生はしばし絶句せられて、満場寂として声なく、いささかの物音だにしなかった）

では、どうして先師の「遺書」が、われわれ同志のもとに伝えられたか、あるいはそれに対してわれわれ同志のものが、その後どうしたかというような事柄については、すべて「隠者の幻」の中に書かれていますから、それをご覧いただく他ありません。とにかくわたくしとして、この際皆さん方に申し上げたいことは、先師とわたくしとの出逢いは、そのように、一種の運命的というか、むしろ奇蹟的な道縁であると共に、その訣れもまたそのような一種の悲劇的なものだったということであります。同時に、そのような悲劇的な永訣のゆえにわたくしは、今日ここに皆さん方の前に起ち、こうして先師のご精神の一端を、前途多望な皆さん方に対して、お話することになったわけであります。

皆さん!! この地上において、真に偉大な真理というものは、何らかの意味で「悲劇的運命」を介しなくては、これを把握することも伝えることも不可能なのであります。そしてこの事は、ひとりキリストにおいてそうだったばかりでなく、それとは一見正逆ともいうべきマルクスにあっても、またその例外ではないのであります。では今日も一応これまでとして――。

（満場水を打ったような静けさの連続で、咳払いひとつする者もない。やがて名児耶先生は、おもむろに壇を降りられ、校長先生と共に静かに退場された。その後われわれは、それぞれの教室にもどって、担任の先生から紙片を配られ、各自希望のテーマを書いて提出したが、異常な感動の余韻がまだ尾を曳いているのか、いつものように声高に話をする者は一人もなかった）

①「森信三全集」第二十四巻、及び「森信三著作集」第十巻に収む。

第二講——人生二度なし

道服姿の名児耶承道先生が、校長先生の先導でお越しになられた。やがて壇上に登られて、一礼の後、今日のテーマをお書きになられた。と同時に、次のような歌をお書きになった。

春がすみ立ちにし日より山川に心は遠くなりにけるかな
いづくより春は来ぬらん柴の戸にいざ立ちいでてあくるまで見ん

「皆さんこれらの歌の作者がだれかお分りになりますか。見当のついた人は、ひとつ手を挙げて言ってみて下さい。」といわれた。さすがに上級生とて、慎重を期して容易に手を挙げない。するると先生は、「間違ったってかまいませんよ。よし間違ったにしても、言ってみるという積極的な態度にこそ意味があるわけですから、サァ、試しに言ってみて下さい。」といわれる。すると二、三人手が挙がった。

「どうも確信はないんですが、西行の歌ではないかと思いますけど——」

「なるほど——ではもう少し他の意見はありませんか」するとまた二、三人挙手。そしてその中の一人が、

「ぼくは良寛の歌じゃないかと思いますが——」すると名児耶先生は一同に向かって、

「さあ、唯今二つの意見が出たですね。西行の歌という人と、良寛の歌だという人と――。ところで皆さんはどちらが正しいと思いますか」一同シーンとして、しばし沈黙。やがて先生は、

「では皆さん方のご意見を、ひとつ挙手で伺うことにいたしましょう。これらの歌の作者を西行と思う人――」といわれたが、手を挙げたのは七、八名であった。

「では良寛の歌だと思われる人は挙手してみて下さい」といわれると、三、四十名のものが手を挙げた。そこで先生は、

「皆さんのお察しのように、これは良寛の歌ですが、しかし良寛は西行を尊敬していましたから、西行といわれた人も、全くの見当違いというわけではないでしょう。そこで、これから当分の間、毎時間のはじめに良寛の歌をご紹介して、一しょに味わうことにしたいと思います。では皆さん、二首の歌を、次の時までに暗誦してきて下さい。」

さて先週、ごあいさつの際にも申したように、まことに不思議なご縁によって、この一年間、皆さん方にお話を申し上げることになったわけですが、それはこの前にも申したように、御校の校長先生が今は亡きわたくしの師匠を尊敬していられたからであります。前にも申したように、亡きわたくしの師匠は、若い時東大の助教授だったころは、新聞雑誌などの上にも時どきその名が出て、ある程度知られていた方ですが、敗戦と同時に職を辞されてからは、世間からはまったくその姿を没して、ごく一部の親しい人々以外には、ほとんどその存在が知られなくなったのであります。とくに最後の七年ほどの間は、先師の消息を知っているのは、わたくしどもごく少数の者以外には、ほとんど絶無といってよかったのであります。

では、わたくしと御校の校長先生とのご縁が、どうして始まったかと申しますと、それはこの前にも申したように、先師が深山にその蹤跡を没せられてからは、わたくしは先師の遺志をついで、先師が全国的に残された同志の方々を歴訪するために、全国行脚の旅にのぼり、自来今年でもう十年以上になりますが、御校の校長先生とは、そうしたわたくしの全国行脚の途上で廻ぐり会ったのでありまして、先師に対する尊敬の念においては、わたくしなども及ばぬほどであります。そしてそこからして、わたくしのように先師の教えを受けたものの話を、皆さん方にも聞かせたいとの思召から、こうして伺うことになったのであります。

先師についてはわたくしとしては、まだ幾らでもお話申したい事柄がありますが、しかしそれは今後いろいろな場合にお話し申すことにして、この話を始めるにあたって、最初に一ばん大事な問題と思われますのは、このわたくしが、そうした卓れた一大人格たる先師有間香玄幽先生から教えられた事柄のうち、一ばん大事な問題は一体いかなる事かという問題でしょう。それゆえ今日は、まずこの根本の一点について、お話申すことにしたいと思います。

では、それは一体どういう事かと申しますと、「このわれわれ人間の一生は、二度とふたたび繰り返すことのできないものだ」ということでありまして、そのために先師は、つねにこの「人生二度なし」というコトバを、口ぐせのように仰しゃっていられたのであります。そして時には冗談のように「わたくしは、いわば〝人生二度なし教〟の開祖といっても良いですよ」と仰しゃられたものであります。つまり先師のすべての教えの根底にあるのは、この「人生二度なし」という自覚であって、これがこの人生における最大最深の真理だというわけであります。随ってわれわれ人間は、何をおいても先ずこの人生の最深の真理を、わが身に体しなければならぬと仰しゃられるわけであります。つまり、これ以外の他の事柄は、すべてこの根底さえハッキリ確認できれば、さまで問題ではないと仰しゃられるわけであります。

では、この「人生二度なし」という真理は、一体いかなる意味において貴いかと申しますと、それは、このわたくしたちの人生は、唯一回だけでありまして、二度と繰り返すことが出来ないのであります。そしてこれは、人から言われるとか、あるいは書物に書かれているのを読んだりした場合には、どんな人でも「確かにそれに違いない」と思うでしょうが、しかしそれはあまり永続きはしないで、いつの間にやら忘れてしまって、あたかもこの自分の一生は、無限にいつまでも続くものででもあるかに考えて、ついウカウカと過ごしやすいのが、われわれ凡人の常であります。

しかし考えてみれば、これほどウカツな話はないわけであります。即ちこのわれわれの人生は、そんなに無限に生きられるものではなく、そしてひと度死んでしまえば、「もう一度やり直す」ということは、尽未来際《じんみらいざい》、絶対に不可能でありまして、それは丁度、書道の練習に際して、清書用の紙が一枚しか渡されない場合と同様であります。随って、そういう場合には、たとえガンゼない小学校の子どもでも、最初からそのつもりになって、一字一字を注意し用心して、ウカツな書き方はしないわけであります。

しかるに、ひるがえってわれわれ人間が、この人生に対する場合、はたしてそのように、最初から十分に覚悟して、慎重に取り組んでいると言えるでしょうか。遺憾ながら大方の人は、そうは言えないようであります。失礼ながら、こうして今わたくしの話を聞いていられる皆さん方にしてからが、もしわたくしからこうした話を聞かれなかったとしたら、あなた方の若さで、到底こうした深い人生の深理について考えられることは、まず無かろうと思うのであります。現にわたくし自身を顧みてみましても、皆さん方のような時期に、こうした問題について考えたことなど、一度もなかったと言ってよいのであります。否、それればかりか、皆さん方よりかなりな年長の年ごろになってからでも、こうした問題について考えたということは、どうも無かったのであります。

それどころか、やがて大学に入って、しかも哲学というような、本来「人間の生き方」について研究する学問を専攻するようになりましても、この「人生二度なし」という真理について深く考えたり、教えられたということは全く無かったのであります。こう申しますと、皆さん方はもちろん、他の人々にしても、大学の、しかも「哲学科」に学びながら、このような、いわば人生に関する自明の真理ともいうべき事柄について、何ら学ぶところが無かったなどということは、たいていの人が事実とは思わないでしょう。しかしこれは確かな事実だったのであります。

ではわたくしが、どうしてこのような真理に目覚めるようになったかと申しますと、それは全く先師のおかげであります。ですから、もしわたくしが先師にお目に掛からなかったとしたら、おそらくは今日に至っても、尚かつこの「人生二度なし」という絶大な真理に気づかずに、ウカツな日暮らしをしていたのではないか、と思うのであります。またかりに、多少はそれに気づいたと至しましても、到底現在のような深さと真剣さはなかったと思うのであります。

ところで、その点について、ひとつ申し上げて置きたいと思うことは、なるほどわたくしがこの「人生二度なし」という真理に目覚めさせられたのは、先ほど来申すように、まったく先師の教えのおかげですが、では先師はわたくしたちに、いつも口ぐせのように、この「人生二度なし」というコトバを繰り返えされたかと申しますと、ある面からは確かにそうと言えましょう。しかし他の半面からは、そうではなかったとも言えるのであります。少なくとも先師は、われわれ弟子の側から見て、しつこいと感じるほどに度重ねて、いつも言っていられたわけではないのですが、それでいて先師が時に仰言られますと、何ともいえずわたくしたちの心に深く響いて、忘れられなかったのであります。

では何故そうなのでしょうか。しかし、その点について説明することは、比較的容易だと思います。それというのも先師の場合には、このコトバはわれわれのように、他人からの受け売りではなくて、先師ご自身が、その全自己を揚げて自覚し体験された真理だからであります。ですから時どき先師が、「人生というものは二度と繰り返せぬものですからね」と、静かな口調でおっしゃられますと、何ともいえない感がして、全身に沁み透って感じられたのであります。ついでですが、先師はわたくしなどと違って、平生お声の静かな方でしたが、それでいてひとたび先師の口から「人生というものは二度と繰り返えせないものですから――」とおっしゃられますと、何ともいえず全身に沁み透るような感がしたのであります。

では、それは何ゆえでしょうか。思うにそれは、先師ご自身がつねにこの真理を心中深く念じていられたからではないかと思うのであります。それというのも、人間の発するコトバのもつ威力というものは、その人自身がそれに対して如何ほど深く感じ、かつ把握しているか否かによるからであります。ですから先師のおっしゃられる場合、コトバとしてはごく静かでしたが、しかしそのコトバの中にこもっている力は、一種の「権威」を持っていたわけであります。

皆さん方の中には、「聖書」を読まれたことのある人も少なくないと思いますが、あの中にはしばしばキリストが、「権威ある者の如くに」語られたという表現のあることを思い出されるでしょう。そしてこの場合、キリストが「権威ある者の如くに」語られたということは、即ちキリストが真理を、その全身で体得して語られたということから来るのでしょう。それゆえそれは、必ずしも大きな声をされたということではないのであります。勿論キリストとても、時あっては大声で叱咤せられた場合もあったようですが、しかし多くは比較的静かに語られたのだろうと思います。ところがそれを聴く人びとの側からは、「権威ある者」のように感ぜられたということは、とりも直さずキリスト自身が、偉大なる真理の体現者だったからでしょう。

さて、話を元へもどして、ではこのようにわれわれの人生は、二度と繰り返し得ないものだとしたら、われわれとしては、今後その生き方の上に一たいどのような注意をしたらよいでしょうか。かく考えて、先ず第一に考えられることは、このように人生が二度と繰り返し得ないものだとしたら、われわれは出来るだけ後悔しないような生き方をする必要がありましょう。すなわち物事をつねに慎重に考えて、つまづきや踏み外ずしを、できるだけ避けねばならぬわけであります。ところがそのためには、わたくしたちは出来るだけ自分の前途について、見通しを怠らぬことが大切でしょう。わたくしは常に思うのですが、人間の知恵というものは、その人がどれほど前途を見通し得るか否かによって、計ることが出来るんではないかと思うのであります。

しかしながら、この前途の見通しということについては、二種の観点があるように思います。そしてその一つは、社会とか国家の前途という面ですが、こうした社会や国家、さらには国際間の情勢というような面では、前途を見通すということは決して容易ではなく、とくに現在のように、世界全体が激動のさ中にある時代には、尚さらそうだと言えましょう。もちろんこうした場合にも、社会の進んで行く大きな方向というものは、ある程度これを察知することができないわけではないでしょう。しかしながら、今後幾年くらいたったら、どういう状態になるだろうというような点まで、正確に将来を見通すことは出来かねるのであります。

ところがこれに反して、個人としての自分の前途とか将来ということになりますと、ある程度は見当をつけることができるのであります。たとえば現在皆さん方は高校生ですが、今後一、二年したら、ほとんどの人がこの学校を卒業して、一部の人は進学し、他の人びとは就職されるといえましょう。また進学した人にしても、大学を卒業すればみな就職し、そして男女を問わず大部分の人は二十代で結婚し、そして結婚後数年すれば、大ていの人が子どもを持って、人の子の親となるわけです。そして間を少し飛ばしますと、五十代の半ばから六十くらいになれば、俸給生活者の道をたどった人の大方は、停年となって職を退き、また独立営業の道を進んだ人でも、七十才から八十才近くになれば、たいていの人は第一線から退き、そして百才までには、ほとんどの人がみな灰となるわけです。（一同笑う）いま皆さん方は笑われましたが、しかしこれほど確かな見通しはないと言ってもよいでしょう。そして一たん灰になったが最後、もうその肉体の甦《よみが》えりは、永遠に不可能と言ってよいでしょう。たとえ灰になる直前の今わの際になって、どんなに躍ってもはねても、今さらどうなるものでもないのであります。

では、こうした「人生二度なし」という、人生の根本真理を体得した人の場合には、どうなるかと申しますと、結局それは、つねに自分の前途を遠くかつ深く考えながら、一日一日の自分の生活を、できるだけ全力的に充実させて、生きるということでしょう。何となれば、人生といっても結局それは、日々の積み重ねの他ないからであります。ですから問題は、その人がどれほど早くから、こうした人生態度を確立するか否かということこそ、人生を生きる上での真の「秘訣」と言ってよいわけであります。しかしそのためには、上にも申すように、その人がどれほど早くから、「人生二度なし」というこの人生の最大最深の真理に目覚めて、真に充実した日々を送るようになるか否かが問題なわけであります。先師がこの真理に目覚められたのは、三十代の前半だったとのことですが、それ以後先師の意識の底には、つねにこの「人生二度なし」という真理が潜在していて、消えなかったとのことであります。かくして先師のあの畏敬すべき全的緊張につらぬかれた生涯を、その根底において支えていたものこそ、実にこの「人生二度なし」という真理だったわけであります。では今日はこれにて――。

（今日の名児耶先生のお話は、終わりになるほどいよいよ緊張して、われわれもこれほどつよい緊張によってつらぬかれた話を聞いたのは、今日が初めてである。先生もやがて壇を下りられ、校長先生とごいっしょに、静かに退場された。）

第三講——人は何のために生きるか

道服姿の名児耶先生には、今日も校長先生のご案内で講堂に入られた。やがて壇上に立たれ、一礼の後、今日のテーマと共につぎのような歌をお書きになられた。

いざ子供山べに行かん桜見に明日とも言はば散りもこそせめ　良寛
道のべに菫《すみれ》摘みつつ鉢の子を我が忘るれど取る人もなし　〃
道のべにすみれつみつつ鉢の子を忘れてぞ来しあはれ鉢の子　〃

良寛は明治維新より百二十年ほど前に、越後の出雲崎に生まれた人で、現在ではその名を知らぬ人はないと思います。しかしその生涯について、多少とも知っているということになると、案外少ないかも知れません。家は代々出雲崎の名主で、神主をもつとめたという由緒ある家柄でしたが、父以南の代になってから、色々な事情のために、しだいに家運が傾いて来たようです。

ところが十八歳の時に、幼名栄蔵だった良寛は、突然出家したのですが、しかしその原因は、今日まで多くの人が研究しているにもかかわらず、ほんとうの処は分からないようであります。唯分かっているのは、その弟妹のうちに三人までも、出家して僧または尼になった人があるというように、一種の遺伝的なものがあった上に、良寛自身も、名主というような世俗的な任務を果たすには、どうも向かない性格だったという事が、大きく考えられているようです。

良寛がはじめて出家したのは十八歳の時で、隣村の尼瀬の光照寺という寺に駈け込んだのですが、剃髪して真に僧籍に入ったのは二十二歳の時で、それは後に師事するようになった、備中（岡山県）玉島の円通寺の国仙和尚から授戒を受けたことが、そのキッカケとなったのであり、その時「大愚良寛」と名乗ったけれど、しかしそれは国仙和尚につけて貰ったのか、それとも良寛自身、自らそう名乗ったのかハッキリしませんが、とにかくここに良寛の一生の方向は確立したのであります。


さて先週は、わたくしのこの拙い話を始めるにあたり、最初のごあいさつとして、先師有間香玄幽先生について、その片鱗をお話申したのであります。しかし、わずかなあの程度のご紹介によっても、先師がいかに卓れた方だったかということが、いわば見えない香りのように、ある程度分かって頂けたかと思うのであります。そこで今日は標題にも揚げたように、ひとつ「人間は何のために生きるか」という問題について、考えてみたいと思います。と申しますのも、わたくし自身が先師から学んだ事柄を、いま端的に一言で申すとすれば、結局は「人は一たい何のために生きるか」というこの一言の他ないからであります。同時にまた、今年一パイかけて、わたくしが皆さん方に、色いろとお話するとしましても、結局その根本は、「人間は一たい何のために生きるか」という、この人生の根本問題の他ないわけであります。

それにしても、「人は何のために生きるか」というこの問題ほど、古来幾多の人々によって、尋ねたり問われたりした問題はないともいえましょう。すなわち古来あらゆる宗教や哲学は、それぞれ多少趣きの相違はあるにしても、結局この大問題をその中心に置かなかったものは無いと言ってよいでしょう。もっとも宗教はとにかくとして、いわゆる「哲学」という学問さえ学べば、人生のこの根本問題を解くことが出来るかに考えている人が多いようですが、少なくともわたくし自身は、この点については多大の疑問を抱いている者であります。ということは、なるほどその人が、真の哲学者でしたら、ある程度はこの点が分かっていると言えましょう。しかしながら、単に大学などで哲学の講義をしている程度の人で、この点が真に分かっているという人は、きわめて少ないと言ってよいでしょう。もっともこの点、宗教の方は、その深ささえ問題にしなければ、哲学よりはるかに多くの人が、何らかの趣きでこの点の解決は与えられているかと思われます。しかしながら、ここは学校ですから、この場所で特定の既成宗教の話をするわけには参りません。そこでここではわたくし自身が、この人生の根本問題について考えている処を、端的にお話してみたいと思います。ということは、ある角度からは、哲学と宗教との切り結ぶ一点に立ちつつお話をすすめるというわけで、同時にそれは先師のいのちの光が、わたくし自身のいのちの中に照り透ってのことだともいえましょう。

　さて、人生の根本問題たるこの「人は何のために生きるか」という問題ですが、これはまたコトバを替えれば、「人は何ゆえこの地上に生を享けたのか」という問題だとも言えましょう。ところが、普通に人びとがこの問題を取り上げる場合は、このように考える人は比較的少なくて、ヤハリ「人間は何のために生きるか」という問いのほうが多いのは、「人は何ゆえこの地上に生を享けたか」と問うことは、われわれ人間のこの地上的生をあらしめた「宇宙意志」そのものについて、直接に問うことになるからでしょう。もちろん「人は何のために生きるか」と問うてみても、結局はわれわれ人間の生をこの地上に出現させた「宇宙意志」と、無関係に答え得ないことは申すまでもありませんが、その間、直接と間接で、多少趣きの相違はあると言えましょう。

そこで、ここにはまず、「人は何のために生きるか」という立場から考えてみたいと思いますが、こう言うと人によっては、「そんなにひちめんどうなことが、われわれに分かるものか。頼みもしないのにこの世の中へ生み落されたんだから、生きる他ないさ」という人もないではないでしょう。（多少笑う者あり）否、ウッカリすると、皆さん方の中にも、こういう考えの人が、かなりあるかも知れません。（笑声あちこち）これに対してわたくしは、それもある意味ではムリのないことであり、否、もっともな事だとさえ思うほどであります。

と申しますのも、この「人は一たい何のために生きるか」という問題は、突きつめれば唯今も申すように、「結局、自分から頼んだわけでもないのに、この世に生まれてきた以上、結局生きる他ない」ということにもなるからであります。それというのも、もともと何人も、「宇宙意志」の意図を直接に尋ねたり、聞き正すことは出来ないからであります。同時にここに、ある意味では宗教と哲学との相違があるとも言えましょう。すなわち宗教では、ある意味では、直接に神の声、すなわち「宇宙的意志」の声が聞こえるというのに反して、哲学ではそういう言い方はしないからであります。

では「人は何のために生きるか」というこの問題は、特定の宗教とか哲学の力によらなければ、どうしても分らぬかというに、わたくしは必ずしもそうとばかりは考えないのであります。何となれば、哲学というものは、先にも述べたように、その道の専門家でさえ、本当には仲々こなせないものですし、また特定の既成宗教となりますと、知性をもつ現代人には、そのままでは、ちょっと入りにくい処があるからであります。ついでですが、では何ゆえ現代人の多くは、既成宗教には入りにくいと考えるかと申しますと、一つには宗教の核心は、自分が「我」の塊りだということの徹底的な内省を必要とし、それでなければ、宗教の門には入れないからであります。そしてそのためには、この自分というものが、どうにもならないドタン場まで追いつめられないことには、自分が「我」の塊りだということは、なかなか分からないのであります。かくして宗教の門は、何らかの意味で、この人生に行きづまった人でなければ入れないとも言えるわけであります。

以上述べたように、ふつうに哲学と呼ばれているものは、専門家と言われているような人びとでも、この「人間は何のために生きるのか」という人生の根本問題が、真に分かっている人は意外に少なく、また宗教の方は、この人生に対して、何らかの意味で行きづまりを感じている人でなければ入れないとしたら、一体どうしたらよいかということが、改めて問題になると言えましょう。それに対してわたくしは、確かに真実はその通りだとしても、しかしだからと言って、人生の問題を考えることを無用だと思わないばかりか、大いにその要があり、随って、それぞれの人が、この問題はつねに心の中に抱き暖めていることが、大事だと思うのであります。現に皆さん方の中で、将来哲学者になろうなどと考えている人は、たぶん一人もないでしょうが、――もしあったら手を挙げてみて下さい。（みんなうしろを見ながら笑う）同時にまた、現在悩みのない人は一人もないでしょうが、しかし人生の絶壁にぶつかって、どうしても宗教にすがる他ないという人も、たぶん少ないと見てよいでしょう。しかしだからといって、あなた方が人生問題について考える必要がないとは言えないでしょう。これわたくしが皆さん方へのこの講話を、ヤハリこのような人生の根本問題からスタートしたいと考えるわけであります。

では最初から哲学や既成宗教によらないで、人生のこの根本問題、すなわち「人間は何のために生きるか」という根本問題を考えるには、さし当たり皆さん方としては、出来るだけ、自分の力で考えてみるのが良かろうと思うのです。すなわちお互い人間は、この地上へ何ら頼みもせず希望もしないのに、一体どうして生まれて来たのでしょうか。いわんや自分は男に生まれたいとか、女に生まれたいと希望して生まれて来た人は、それこそ一人だってないでしょう。（一同笑う）そればかりか、背が高いとか低いとか、また色が白いとか黒いとか、また顔が丸いとか細長いとか等々、一人びとりみな違っていて、しさいに考えたら、一人として同じ人間はないわけであります。ではそれは一たい何故でしょうか？　皆さん!!　それを一たい何ゆえとお考えでしょうか。いわゆる専門の哲学者にしたって、こういう問題に対して正面から真に取り組んだ人は、わたくしの知るかぎり、意外なほど少ないのです。そしてそれは皆さん!!　カントではないのです。（皆けげんそうな顔をして互いに見合う）それはライプニッツと言って、おそらく皆さん方は、その名さえ聞いたことのない人でしょうが、カントにも劣らぬ大哲学者なのです。

では宗教のほうでは、この問題について一体どう考えているかと申しますと、それぞれの宗教および宗派により、その説き方に多少の相違はありましても、結局は、この宇宙に内在する絶大なる「宇宙意志」の力によるということになるようであります。しかし既成宗教では、まだ現在のところでは、それを神とか仏とか呼んで、「宇宙意志」とまでは言っていず、そしてこの点人びとが、とくに若い皆さん方には親しみにくい点だろうと思われます。

そこで、このような立場にたって、「人間はこの世において一たい何をしたらよいか」という人生の根本問題に答えるとしたら、結局「宇宙意志が自分に対して命じている事をすべきだ」ということになりましょう。ところが、ここで問題なのは、では一体どうしたら、その〝宇宙意志〟が自分に対して命じている事柄が分かるかということが問題でしょう。これがもし人間同士のことでしたら、たとえば国王とか一国の首相の命を受けて、他国に使いするというような場合には、直接コトバによってその命令を聞くわけであります。しかるにわれわれ人間が、「宇宙意志」から命じられた使命は、直接コトバによって言いつけられたり、いわんや、文字に書いて渡されるのではないのであります。そこでわれわれ人間は、自分自身の努力によって、それを探し求めねばならぬわけであって、先にわたくしが、この問題はどこまでも自分自身が探し求めねばならぬと申したゆえんであります。

そこで、どういうことになるかと申しますと、われわれ人間がこのように、「人間はこの地上において一たい何を為すべきか」というような問題について考えはじめるのは、ヤハリ皆さん方くらいの年令になってからでしょう。そうしますと、これから自分の力で探し求めるとして、まず最低十年、永ければ十五年以上も探し求めねばなるまいと思います。そしてそれが一応分かりかけるのは、ほぼ三十代の半ば前後と言ってよいでしょう。釈尊もそうでしたし、キリストも最近の研究ではそのようですし、またわが国では、中江藤樹先生などもそうであります。つまり人間というものは、もしほんとうに真剣に求め続けたら、三十代半ばごろになりますと、一おう自分がこの世に生まれて来たことの意味が、おぼろげながら分かりかけるもののようであります。現にわたくし自身も、ことし四十二才になりますが、今から七・八年前から多少はこの点が分かりかけて四十の境を越えましたが、それが今回校長先生とのご縁によって、こうしてわかい皆さん方にお話することにもなった次第であります。

しかし単にこれだけ申しただけでは、皆さん方としては一向見当もつかず、また探し求めようにも、何らの手掛かりやヒントがなくて困る、と思われる人が多いと思います。そこで現在わたくしが到達している点を、ご参考までに分かりやすく申すとすれば、結局われわれのこの人生というものは、㈠自分が持って生まれて来たいのちの特色を、十分に発揮し実現すると共に、㈡さらに自分の接する他の人々に対して親切にし、他の人々のために尽すということの他ないようであります。ところが、このように申しますと、皆さん方の多くの人は「人生の意義といったら、もっと深遠な事だと思っていたのに、その程度のことなら、われわれはすでに中学生時代に知っており、否、人によっては、すでに小学校の五・六年ごろから分かっていた」といわれるかと思います。たしかに皆さん方としては、そう思われるのもムリはありません。しかし問題は、そのように分かっていると思いながら、現在の皆さん方はそれに対して十分な確信が持てないのでしょう。少なくとも一日一日を、そうした確信によって、力づよく生きていると言える人は少ないと思います。現にわたくし自身にしてからが、皆さん方の年ごろには、書物の中などに、そのように書かれているのを読みましても、それが自分の確信にはならなかったのであります。しかるに今やわたくしには、それがようやく不動の確信となりつつあるのでありまして、そこが同じく分かっているといわれても、わたくしと皆さん方との間には、ある程度違いがあるということがお分かりでしょうか。

もちろんわたくしとても、わずかこの一時間くらいの話によって、皆さん方にこの点の納得がゆくなどと考えているわけではありません。そればかりか、この人生の根本問題に対して、皆さん方に多少とも心の眼が開けるようになるには、今後十五年くらいは求めねばなるまいと思うのであります。このように申すと皆さん方の中には、「そんなに永い間求めるなんて、自分にはとてもできない」と言われる人もあろうかと思います。しかしそういう人びとは、残念ながら、せっかく人間としてこの地上に「生」を享けながら、真に確信をもって、この二度とない人生を生きることを、自ら放棄するわけであります。そしてその時その人の人生は、本質的には、単に食べて、寝て、子を生むというだけで、根本的には動物と変わらぬとも言えましょう。釈迦やキリスト、また孔子やソクラテスなどという人は、そういう人びとに対して、限りなく憐れに思われたのでありまして、釈迦はそのために生みの親や妻子を捨て、さらにキリストに至っては、そのためついに十字架上で磔刑《たっけい》にまで処せられたのであります。これから先はどうぞ皆さん方自身でお考え下さい。では今日はこれまでにいたしましょう。

（先生、一礼の後しずかに壇をおりられ、校長先生と共に退場された。）

第四講――生命の無限観

名児耶先生は、今日も道服姿で、校長先生のご案内で講堂に入られた。もう四回目となってみると、先生の道服姿も、何ら異様に感じられないばかりか、先生のお人柄に実によく似合った服装だと思うようになった。つまりそれだけ先生は、独自の風格をもたれた方だというわけであろう。

今日も先生は、一礼の後、今日のテーマを板書されると共に、つぎのような歌を書かれた。

霞《かすみ》立つ長き春日に子供らと遊ぶ春日は楽しくあるかな　良寛
かすみ立つ長き春日に子供らと手まりつきつつこの日くらしつ　〃
此の里に手まりつきつつ子供らと遊ぶ春日は暮れずともよし　〃

これらの歌は、良寛の晩年の生活の片鱗を伺いうるものとして、今さらわたくし如き者のつまらぬ解釈など、全く無用なわけです。

しかし良寛が、このような悠々たる世界に入れたのは、容易なことではなくて、実に生涯にわたる永い修業の果てに、ようやくにして到達した境涯といってよく、そしてこのように想定しうる一つの資料として、近藤万丈という人の「寝覚の友」という一文があります。これは良寛が、生国の越後から遠く備中玉島の円通寺に赴き、国仙禅師の下で十年余り修業をしたのち、国仙和尚が亡くなられたので、やがて良寛は起ち上がって諸国遍歴の旅に出て、長崎辺までも行っているようでありまして、次の万丈の「寝覚の友」というのも、たぶんそうした遍歴の旅における或る時期の良寛の姿ともいえましょう。

「自分が若いころ土佐の国へ行った際、城下から三里ほど手前の処でヒドイ雨に逢い、日も暮れかかったので、山の麓に見えるささやかな庵を尋ねて、一夜の宿を乞うた。すると色の蒼いやせた僧がいて、〝食べものもなければ夜具もない〟という。しかしこちらは〝雨さえ凌げたらよい〟と言って頼みこんだ。ところが僧は一言もいわず、坐禅もしなければ、眠りもせず、また念仏も唱えず、何を話しても唯ほほえむばかりなので、狂人かしらとさえ思った。

さて、夜が明けると、雨はさらに激しくなって出立が出来ない。そこで今しばしとたのめば、〝いつまでなりとも〟と言い、十時頃になったら麦粉を湯に溶いてくれた。庵の中には、仏像一基と机が一脚。その上に本が二冊あるのみ。ところが中に、その僧の書いたらしい美事な草書が入っていたので、扇を出して絵を描いてもらったところ、終りのところへ『かくいう者は誰ぞ越州の産了寛書ス』（以上意訳）とあったというのです。おそらくは修業時代の良寛の姿と考えてよいでしょう。」

さて前の週にはわたくしは、「人は何のために生きるか」という題目について、一おうのあらましをお話したのでしたが、後で考えてみましたら、いたずらに前置きばかり長くて、肝心の正味のところになったら、もう時間が来てしまって、皆さん方にも充分納得して戴けなかったのではないかと、あとで後悔したような次第でした。そこで今日は、その点をも考えに入れて、多少前回の不足を補いながら、話を進めてみたいと考えるのであります。

ところで、この前「人間は何のために生きるか」という題目のもとに、わたくしのお話した要点を、もう一度要約して申してみますと、それは結局次の二つの事柄に帰着すると申してよいでしょう。すなわち第一は、われわれ人間は、その一人びとりがそれぞれ違った使命を受けて、この地上に生誕したわけですから、その使命を出来るだけ充分に発揮しなければならない。この点については最近では、「できるだけ自己の可能性を実現するように」という言い方が流行しているようですが、それはそれで一向さし支えないと思います。しかし「自己の可能性を発揮する」というのと、自分が「宇宙意志」によって課せられた使命を果たすというのとでは、そこに多少ニュアンスの相違があるといえましょう。いずれが良いとは、一概には言えないと思います。そしてそれは、物事というものは、すべて一長一短だというのが、この地上的真理だからであります。

では、どのように一長一短があるかと申しますと、「自分の可能性に挑む」という言い方は、まだ自分の力の限界を自覚しない若い人びとには、非常にピッタリするでしょうが、人間も三十五才前後ともなって、ボツボツ「魂の眼」が開けかけて来ますと、それ以後は自分の能力がけっして無限でないことが、次第に分かってくるのであります。同時にそれと共に、自分自身としては大した自信はないが、しかし自分には「天」というか神仏というか、さらには絶大なる「宇宙意志」というか、とにかく無限に自己を超越した存在によって、極微いうに足りないこの自分のようなものでも、とにかくこの地上に生を享けた以上、何かそこには、自分としてどうしてもしなければならぬ仕事があるということが、次第に分かり出して来るのであります。そしてそれは、もしその人にして精進を怠らなかったら、如何に年をとっても、毫も衰えないばかりか、むしろ年と共に、そうした感慨は、いよいよ深まるのではないかと思うのであります。同時にそういう点では、わたくしなどもまだ真の人生という点では、わずかにスタートしたばかりですが、しかし古《いにしえ》の卓れた人びとの生涯を思いますと、どうもそのように思われるのであります。すなわち人間というものは、その人が真に卓越した人でしたら、年と共にいよいよ自分の力のはかなさを痛感すると共に、他方、自己が超越的なものから課せられた使命を、いよいよ深く痛感するようになるかと思うのであります。

もっともこのように申しますと、若い皆さん方は、「しかしわれわれは赤ん坊として自分の両親によって、この世に生み落とされたのだから、神仏はもとより、たとえ『宇宙意志』と言ってみたところで、そういうものによって課せられた使命などというものがあるとは、到底考えられない」と言われる人もありましょう。勿論わたくしとても、そういわれる人々の気持ちが分からぬわけではありません。

しかしながら、ここで一つの問題は、「なるほどわれわれ人間が、赤ん坊として両親によってこの世に生み落とされたものだ」ということは、確かに事実に相違ありません。しかし一歩を進めて、ではわれわれ人間が生まれたのは、単に両親だけの力によると言えるでしょうか。この点については、わたくしたちの両親も、またその両親、すなわち祖父母によって生まれたものでありまして、それはさらに無窮にさかのぼって際限がないのであります。しかもこの際注意すべき点は、そのように代々の祖先が、それぞれわが子を生んで一人前に育て上げますと、自分たちはそう何時までも生きてはいないで、自己の使命を果たすと、やがては土に還って行くということであります。随ってこのように考えますと、われわれわれ人間がこの地上に生まれ出るためには、そこに連綿として絶えない一貫した生命の大流があるわけであります。すなわち、われわれ人間がこの世に生まれ出るについては、単に両親の力だけによるとは言えないわけであります。

もっとも、このように申しますと、最近一部の若い人びとの間には、「われわれがこの世に生まれて来たことなんか、何ももったいづけて考える必要なんかあるものか。結局親たちの性的快楽の結果でしかないのじゃないか」という人もあるようであります。（この時、大ぜいのこと故、あるいは笑う者もあるかと眺めて見たけれど、一人も笑う者はなかった）なるほど事柄を単に皮相的に見たら、確かに一おうそうだともいえましょう。しかしながら、この点こそ実は大事な点だと思うのでありまして、すなわち宇宙の絶大なる意志は、地上における人間の生命を絶滅させないために、人間に「性」の快楽を与えたと思うのであります。皆さん方はまだ結婚もしていず、まして子どもを育てた経験がないのですから、分からぬのもムリはありませんが、実際一人の人間の生命を生み落として、それを一人前になるまで育て上げるということは、まことに容易ならぬことであります。随ってひじょうな手段を講じないかぎり人間は子どもを生んで、これを育てる労を避けるわけであり、そしてそれはやがて、人類という種の絶滅となるのであります。随ってそうした意味から申せば、われわれ人間に与えられた性の快楽というものは、宇宙意志がわれわれ人間に対して設けた、一種のトリックといってもよいと思うのであります。それゆえわれわれ人間が、その両親の性的快楽の結果として、この地上に生を与えられたということは、これを深く考えますと、そこにはわれわれ人間の計らいを遠く超出した、絶大なる宇宙意志が作用《はたら》いており、その結果に他ならぬともいえましょう。

そこでこの際大事な点と思われるのは、なるほどわれわれ人間のこの地上的生命は、このようにその根本は、絶大なる宇宙意志ともいうべきものによって生み出されるわけですが、しかし大事なことは、その宇宙意志というもの自身が、直接われわれ人間の生命を生み出すのではなくて、それは祖先代々の生命をつらぬいて作用《はたら》いているということであります。随ってこの考え方を徹底しますと、われわれ人間の生誕にはたらく宇宙生命は、進化論の説いているように、最初は単細胞生物を通してその作用を開始しているわけであり、さらに溯れば、地球がそのかみ星雲状態にあった当初から、それはすでに始まっているとも言えましょう。随ってこのように考えて来ますと、このわたくしという一人の人間が、この地上的生を与えられるためには、少なくともその作用は、地球の生誕と同時にすでに始まっている、とも言えるわけであります。すなわち少なくともそれは、百五十億年以上の歳月を要したわけでありまして、このような点から考えますと、このわたくしというわずか七、八十年の地上的存在でしかない極微の生命のために、無限絶大なる宇宙生命は、百五十億年も以前から、絶え間なく作用して来たというわけでありまして、まことにこれは、驚歎などというコトバを幾十ぺん繰り返しても、とうてい表現し尽くせないほどの無限の「神秘」と言ってよかろうと思うのであります。親を大事にし、親に孝行しなければならぬということの哲学および宗教的根拠は、実はこのような点にあるのであります。

さてこのように考えて来る時わたくしが、先に「われわれ人間は何のために生きるか」という問題に対して、まず第一にわれわれ自身が、無限絶大なる宇宙的生命によってこの地上に生を享けた以上、たとえ極微的にもせよ、そのような無限なる宇宙生命の極微的な一成員として、如何に微々たりとも、わが生命の中にいわば蒔き込まれている使命を果たすところに、人生の根本意義があると申したことも、必ずしも根拠のない観念的な空論でないことが、お分かり戴けたかと思うのであります。もちろん、こうは申しても、わかい皆さん方としては、「自己の可能性を無限に発揮し実現するところに、人生の意義がある」という方がピッタリするようでしたら、勿論それで結構で、わたくしとても何らそれに反対する意志はないのであります。何となれば、どちらの表現をとるにせよ、根本の事柄自体としては、全く同じことであって、唯それを、自己を中心として考えるか、それとも、自己の生命の無限の本源である絶大なる宇宙生命を主として考えるかの相違だからであって、要するに考察の立場というか、むしろ観点の相違といってよいからであります。同時に、前にも一言したように、お互いにわかい間は、どうも自己を中心として考えやすいのですが、人生の経験を重ねると共に、しだいに自分の力の限界が分かってきて、しだいに自己を超えた力の偉大さを考えるようになると言えましょう。

ところでここまで述べてきたわたくしは、さらに今ひとつ、重要な事柄について申さねばなりません。それは何かと申しますと、「われわれ人間は一たい何を為すべきか」という点について、わたくしは先に二つの根本的な事柄があると申したのでありまして、その一つについては、以上ですでに述べたわけですが、そこには今一つ、人に対して親切にし、人のために尽くすという問題が残っているのであります。しかし問題をここまで突きつめて来ますと、この点を解明することは、さほど困難ではないでしょう。何となれば、われわれ一人びとりの生命が、以上述べて来たようなわけで、絶大なる宇宙生命の極微の分身だとしたら、それはひとり、このわたくし自身がそうであるばかりでなく、ここに居られる何百人という皆さん方の一人びとりも、一人として例外はなく、いずれも宇宙的生命の極微の一分身というわけであります。随って、ここに集まっているお互い同士は、根本的な立場から言えば、いずれも兄弟姉妹ともいえるわけであります。そればかりか、たとえば十代か十五代も前まで鼠算的に計算したとしますと、それは実に驚くべき巨大な数字になるわけであります。随って、ここに集っているお互い同士が、根本的にはみな兄弟姉妹と言えると申したのは、単に理論的にそう言えるというだけでなくて、実証こそできませんが、事実の上からもある程度言えるわけであります。

ところが、ここまで考えてきた以上、さらに一歩を進めて、このような考え方を今少し推し拡げてゆきますと、根本的には、ひとりわれわれ人間同士が兄弟姉妹というばかりでなくて、この地上に生きるすべての生命あるものは、もしこれを絶大なる宇宙的生命の立場から考えるとしたら、すべてが同胞だと言えるわけでありまして、古来「一切の有情《うじょう》（生物）はすべてわが父母」と考えてきた東洋の考え方にも、そこにはある種の深い根拠があるわけであります。もっともこの点については、キリスト教のほうは、広く人類愛は説きますが、すべての生物をわれらの同胞とは考えないようでありまして、ここに東西の思想における一つの根本的な相違があるわけですが、こうした点については、いずれ適当な場所で、改めて考えてみたいと思います。しかし物事というものは、すべて一長一短でありまして、慈悲心を一切有情（生き物）の上に及ぼすべしと説いた仏教では、キリスト教ほどに徹底して人類愛を説いていることはいえず、反対にキリスト教のほうは、あれほど徹底した人類愛を説いていながら、その愛は一おう人類の間にだけ限られて、広く生物一般にまでは説かれていないようでありまして、こうした処にも今後東西の思想は、互いに相手方に学ぶ必要のあることがうなづかれると言えましょう。

今日は、最初に掲げたように、「生命の無限観」というテーマについてお話するつもりでしたが、それがはたしてどの程度皆さん方に分かって戴けたかとなると、大して自信は持てないのであります。そしてそれには、勿論わたくし自身の不手際というか、むしろわたくし自身の未熟さが、その原因でしょうが、同時にまた、今日問題として取り上げたような問題が、ある程度実感として受け止められるというためには、他面年令というか、人生の経験を積む必要があるとも言えましょう。もっとも年令とか、人生の経験ということになりますと、わたくし自身がまだまだ未熟でありまして、思想という点からは、まだ青二才の域を脱していないわけですから、単に一場の講話によって、このような生命の深い真理について、皆さん方に充分実感としてわかって戴けないことは、申しわけないと思うのであります。しかし同時にまた、こういう宇宙人生の深遠な問題について、わかい皆さん方の年ごろにおいて、たとえタネ蒔き程度にしても、とにかく触れて置くということは、必ずしも無意義ではなかろうと思うのでありますす。この点は、たとえば植物などについて見ましても、そのタネ蒔きは意外なほど早い時期に行なわれるのでありまして、決してポカポカと暖くなってからではないのであります。では今日はこれにて──。

（先生の「では今日はこれにて──」とおっしゃられる最後のおコトバは、静かではあるが、まるで名刀で物を断ち切るような冴えた響きがある。）

第五講——物・生命・精神・——即物論的世界観——

今日も名児耶先生は、道服姿でお見えになり、壇上に上って一礼の後、今日のテーマと、次のような良寛の詩をお書きになった。

円通寺に来ってより
幾たびか冬春を経たる
衣《ころも》垢《あか》づけばいささか自ら濯《すす》ぎ
食尽くれば城闉《いん》（門）を出ず
門前千戸の邑《まち》
更に一人を知らず
曽て高僧伝をよむ
僧伽《そうぎゃ》（僧侶）は清貧を可とすと

良　寛

良寛の詩は、徳川時代の風習によって、元来漢詩の形態で表現せられています。しかしながら、皆さん方には親しみにくかろうと思って、すべてカナ交りの書き下しにしました。

さて前の週には、良寛の修業期の片鱗を伺いうる、ほとんど唯一の資料ともいうべき、近藤万丈の

「寝覚の友」についてご紹介したのでした。実際今日われわれ良寛に対して親近感をいだき、良寛を尊敬する者にとって一ばん遺憾なことは、修業期の良寛を知る資料がほとんど無いということです。ということは、なるほど良寛には、今日多くの詩歌や筆蹟が残されてはいますが、しかしそれらの大部分は、良寛がその修業期を了えて、郷国の越後へ帰ってから以後書かれたものと言ってよく、いわゆる修業期の辛苦の様子の伺えるものは、ほとんど絶無といってよいほどです。そうした意味からいってこの詩などは、修業期の良寛の面影の片鱗を伺いうる数少ない一つかと思います。皆さん方には、べつに解釈をする必要もないでしょう。

ついでながら、先週わたくしは、玉島地方へ講演に招かれて、円通寺のすぐ隣りにある「良寛荘」という国民宿舎に泊って、早朝円通寺にお詣りしました。円通寺はかなり高い所にあって、眼下に玉島の町が見渡せる、大へん景色の良いところです。わたくしも、この詩を口誦《くちず》さみながら、修業期の良寛の面影をしのんだ次第です。

さて、前の週にはわたくしは、「生命の無限観」というテーマでお話いたしましたが、これは大へん大事な事柄であると共に、皆さん方にとっては、多少むつかしい点もあったかと思います。しかし、あなた方に対しては、現在あの程度の考え方について、ある程度心のタネ蒔きをして置く必要があり、またそういう時期だと考えるのであります。そこで本日も、それとの関連において、もう一度、この前お話したような問題を、多少違った観点から、もう少し話してみたいと思うのであります。そしてこのような問題は、前回にはハッキリ言葉としては申しませんでしたが、実は「哲学的」な問題であり、否、哲学の中でも、もっとも根本的な問題といってもよいのであります。

もっとも、このように申しますと、皆さん方の中には、「あれがもし哲学だとしたら、哲学なんて大してむつかしい学問ではない」と思われる人もありましょう。しかし前回お話したことの内容は、実質的には確かに哲学的な問題なわけですが、ただわたくしとしては、それをなるべく平易なコトバを使って、できるだけ皆さん方に分かりやすくお話したつもりであります。それというのも、わが国ではこれまで、否、今日でも尚、学者と言われる人々の多くは、哲学といえば色々と西洋の哲学者たちの学説を紹介したり、時には部分的な批評をする程度のことを以て、哲学であるかに考えている人が多いわけですが、しかし真の哲学というものは、この現実の天地人生の内面をつらぬいている見えない理法を統一して、一つの学問的体系として表現するものであります。同時に、哲学者自身がこのように、自ら現実の天地人生を把握していますと、それをどのような形式によってでも、自由に表現することができるはずであります。

さて以上を前提としつつ、では今日はどういう問題についてお話するかというに、それはすでに題目にも記したように、端的に申せば、「物質と生命」の問題といってよいのであります。では、何ゆえ今日はこうしたテーマを選んだかと申しますと、それはこの前お話したのは、われわれ人間のこの地上的生命は、われわれ自身の力によるものではなく、この大宇宙の内面に遍満している絶大なる宇宙生命の、いわば極微の分身として、この地上にその生を与えられたわけであります。同時にこのように考えますと、われわれの生命というものは、その一切が実は与えられたものでありまして、この点が真にわが身に徹して分かりますと、われわれ人間には「我」というものが次第に無くなるのであります。そしてこれは仏教においても根本的真理として、古来われらの民族に伝統して来たのであります。ちなみに、ここで「我」というのは、言いかえれば「我見」といってもよいのであります。つまり「オレが」「オレが」という根性をいうわけであります。ところが、そういう「オレが」の一切が、すべてこれ絶大なる宇宙生命からの極微な分かれと申しますか、その「分身」だといたしますと、この自分というものの一切が、実は我ならぬ絶大なる宇宙的生命によって、この地上に生誕せしめられたのでありまして、わたくしたちの髪の毛ひとすじといえども、根本的には「自分の物だ」とはいえないわけであります。

ところが、ここで一つの問題は、「ではそうした宇宙的生命というものは、一体どこにあるのか」という問題ですが、その点についていては、それはこの大宇宙の内面を構成して、この大宇宙をして、その無限大なる作用を為さしめている、無限絶大なる「根本力」と申してよいでしょう。ところが、このように申しても、人びとの中には、「しかしこの大宇宙は、どこまでも物質の集まりであって、その内面などというものはないはずだ」と考える人もあるのでありまして、現に皆さん方の中には、それとハッキリと自覚はしていないにしても、漠然とながら、このような考え方をしている人も多かろうかと思うのであります。同時にこのような考え方を、自覚的にかつ学問的に考えた時、それを唯物論というのであります。ですから、自然科学者の多くは、それと意識はしていないにしても、一種の唯物論的な考え方をしている人が、少なくないといえましょう。もっともここで、「一種の」というのは、現在一部の人びとに信じられているような、直接に政治と結びついている「史的唯物論」とは違うという意味においてであります。もっとも自然科学者の中にも、アインシュタインのように、神を信じている科学者もあるのでありまして、西洋の偉大な科学者の中には、そういう人が少なくないようであります。そこで同じく自然科学者といっても、神を信じる人と、また上に述べたように政治と結びついている史的唯物論者、および漠然と、すべては物質によって構成せられていると考えている普通の自然科学者等々、種々の別があるわけであります。

ところが、ここで一つの問題は、物質と生命との関係であります。今ごく手近な実例によって申しますと、普通には鉱物には生命はないと考えられています。もっともライプニッツというような哲学者は、鉱物にも極微の意識はあるといっているのでありまして、現に鉱物における結晶という現象は、極微意識の統一現象として、その顕著な現われと見ているのであります。同時に、鉱物の風化現象というのは、そうした鉱物の極微意識が失われるわけであります。わが国における天才的な物理学者の一人だった寺田寅彦博士なども、物理学者でありながら、このような考えを持っていたらしいことを、お弟子の宇田道隆博士が、何かに書いていられるのを読んだことがあって、「さすがに――」と思ったのであります。しかしライプニッツというような大哲学者とか、寺田博士のような天才的な物理学者はしばらく別として、普通一般の考えとしては、鉱物には生命はないが、植物や動物となると、そこには生命があると考えられていると言ってよいでしょう。ではこの場合、何ゆえ鉱物には生命がなくて、植物や動物には生命があるといわれるのでしょうか。この点については、植物と動物には、共に「生長」という現象のあることが挙げられましょう。もっとも、このように申しますと、鉱物にだって鐘乳石や石筍《せきじゅん》などのように、永い歳月のうちには生長する物もあるではないか、という人もあるかと思いますが、しかしこれらの物が、永い年月によってその形が増大するのは、他からつけ加わるのであって、その物自身が内面から生長して大きくなるのではありません。

しかるに、植物とか動物ということになりますと、その生長はまったくその物の内面からの増大であって、即ち生長なのであります。もちろん、植物や動物も、これをその要素に分解いたしますと、最後はすべて物質ということになりましょう。そしてそのことは、植物が枯れて朽ちはてた場合、また動物にしても死んで、その死骸が腐敗し分離して解体するような場合には、いずれも最後は、物質に帰すると申してよいでしょう。ですから、こうした点に着目して、それを強調し力説する時、その人の考え方あるいは立場は、本人が意識していると否とに拘わらず、一種唯物論的な立場に立っていると言ってもよいでしょう。随ってその数は意外に多いといってよいかも知れません。

ところが、ここにもうひとつ別の考え方をする人もあるのでありまして、それは前にも申したように、鉱物には生命がなくて、ただ物質の塊りであるが、植物や動物には生命というものが宿っていて、その点からして、これを単なる物質と見ることはできないと考える立場であります。これは唯物論との対比からいえば、生命論とか唯生論といってもよいわけですが、それはとにかくとして、このように植物や動物にあっては、なるほどその要素としては、依然として物質でありながら、しかもそこには「生命現象」が現われて、生命のない鉱物とは区別せられるわけですが、これを一体どう考えたらよいでしょうか。つまり物質の中から、物質でない現象が出現するというわけであります。

このように、物質の中から物質でない現象が現れるということ、これはこの宇宙・人生を考える上で、最も重大な問題と思うのであります。ではどうして、こういう現象が起きるのでしょうか。またこの問題は、一体これを如何に考えたらよいのでしょうか。正直に申して、わたくし自身にも、十分には分らないのであります。否、この点について真に分っていると言える人が、果たしてあるでしょうか。例の湯川博士なども、生命現象というものは、これを物質現象として研究することはできない。もしそれを強いてしようとすれば、最後は生命現象は消え失せてしまうから――つまり、生物が死んでしまうからと言っていられますが、まことにその通りであります。同時に、もしそうだとしますと、生命という根本的に異質な現象が、どうして物質の中から出現するのか、考えてみれば、これほど不可思議なことはないのであって、結局最後のところになると、この大宇宙というものに、そのようなわれわれ人間の知慧では知ることのできない絶大な「力」が、包蔵せられているという他ないでしょう。実際、最近の天文学のホンの一端だけを聞いても、そこには真に驚くべきものがあって、よくもそんな広大な宇宙の状態が分かるものだと、唯々驚嘆するばかりであります。しかしながら、それはこの無限大な空間の中に存在しつつ、瞬時といえども停止することのない物質現象についての驚異ですが、唯今わたくしの申した「物質現象の中から、一体どうして生命現象というような異質の現象が現われるのか」という問題のほうが、それ以上に驚嘆すべきことかと思うのであります。

　それというのも、実はこの大宇宙の無限大なひろがりよりも、眼前に今芽吹きかけている一本の草花の中に宿っている生命のほうが、ある意味では、より一層驚くべき現象だともいえるからであります。何となれば、前者は物質現象として、これを量的に測定し計算することができますが、後者すなわち生命は、たとえ草花の芽生え一つにしても、そこには単に数量的な立場からは、測定し切れない「あるもの」を包蔵しているからであります。そしてそれが、いわゆる「いのち」とか「生命」とか名づけられる現象なのであります。そこで問題は、このように物質界に生命現象が現れることを、一たいどう考えたらよいかという問題が、ある意味では、この大宇宙というものを、如何に考えるかということの、根本的な核というかカギともいえるのであります。すなわち物質自身の中に、生命を出現せしめるようなある種の「力」があると考えるか、それとも、この無限の大宇宙には、すべての物質をつらぬいて、これを統一しているような絶大な「力」があって、そういう「力」が、物質を通して生命現象を生ぜしめると考えるか、という二つの考え方に分かれるのであります。こう申しますと皆さん方は、「それはどちらだって、結局同じことではないか」と言われる人もあろうかと思います。そういう人びとの考え方が分からぬわけではありませんが、しかしそれは次に述べるように、生命から「意識」とか、さらには「心」という現象の現われることを考えますと、そう簡単にすますわけにはゆくまいと思うのであります。

わたくしは今、「生命」から「意識」、さらに「心」が出現すると申しましたが、これはある意味では、物質から生命が現われる以上に、重大な事柄ともいえましょう。何となれば、物質から生命が現われることによって、生命は物質をひきいて生長し、さらには繁殖するのでありまして、これは単なる「物質」というものからは生じ得ない現象であります。ところが、そういう生命の中から、意識とか心とか、さらには精神というような作用が生じてきますと、精神は自らの出現した足場ともいうべき、自分の身体を客観的に眺めることができますし、さらにはその身体自身も、これを要素的に分解すれば、結局物質から成り立っていることを知ることも出来るのでありまして、これは実に驚くべき事柄であります。すなわち、そのはじめ物質から生じながら、しかも、それを足場としつつ、身体を対象として客観的に眺めるようになる——これを哲学では対象化と言いますが——のであります。われわれが心とか精神とか呼んでいるものは、このように自己が出現するために、足場とか母胎となったものを超越して、それをいわば自分と対立する地位におく——即ち対象化するのであります。かくしてわれわれが、心とか精神とか呼ぶものは、自分がそこから生まれたともいえる自分の身体——これは前に述べたように、物質と生命との統一体ですが——をも超えて、これを対象化して分析するのであります。

同時にまた精神は、ひとりこのように自分の身体を対象化するばかりでなく、さらにそういう自分の心の作用さえも、更にこれを対象化して——これがいわゆる反省作用なわけですが——その善し悪しを知ることが出来るのでありまして、これ実に驚くべき作用と言わねばなりません。すなわち精神というものは、ひとり自分の身体を対象化するのみでなくて、さらに自己の心のあり方までも対象化することができるのであります。総じて対象化する場合には、対象化する作用自身は、対象化されるものと比べて、一段と高次の立場にたつのであります。ですから、自分の身体を対象化して眺めるという時、心はある意味では身体を超える立場にたつわけであります。そしてそのためにわれわれは、自分の体に歩行を命じ、さらにはその方向をも指示することができるわけであります。同時に心が精神となって、自分の心をも更にこれを対象化して、その善・悪を反省するようになりますと、精神は心よりもさらに一段と高い——あるいは深い——立場にたつことになるのでありまして、その時精神は、自分の心をも超えるが故に、よく万人の心に通じることが出来るのであります。そしてそれは、時あっては万人の心を感動させ、いわゆる「不滅の精神」とも呼ばれるわけであります。かのキリストの十字架上の死というものは、いわばその最深の実例といってよいでしょうが、それは自己の肉体的生命を万民のために捧げたからであります。では今日はこれにて――。

（先生は例により板書を消され、一礼の後静かに壇を下りられ、校長先生と一しょに退場されたが、道服姿の先生の後姿を見ていると、何か心の引きしまるものを覚える。）

〔尚、この節で扱われた問題について、さらに深く考えたい方は、少しむつかしいかと思いますが、「森信三全集」第三巻にある「即物論的世界観」をお読みになられたらと思います。ちなみにこの書物の著者は、先師有間香玄幽先生と親交の間柄であった方であります。〕

第六講——神について

道服姿の名児耶先生は、今日も校長先生のご案内で講堂にお入りになり、やがて登壇され、一礼の後今日のテーマと、次のような良寛の詩を書かれた。

憶う、円通に在りし時
つねにわが道の孤なるを歎ぜしを
柴をはこんで龐公《ほうこう》（龐蘊居士）を懐い
碓《うす》をふんでは老虞《ぐ》（六祖慧能）を思う
入室、あえて後《おく》るるに非ず
朝参つねに徒《と》に先んず
一たび席を散じてより
悠々たり三十年
山海、中州を隔て
消息、人の伝うるなし
恩に感じて竟《つい》に涙あり
之れを寄す水の潺湲《せんかん》たるに

良寛

これも修業期における作というよりも、おそらく越後に帰ってから、わかき修業期の円通寺時代を回顧して詠んだ詩と思われます。詩の大意は、

「円通寺で修業していたころの自分は、つねに孤独の感に堪えなかった。そして柴をはこんで、かつての旧友のことを想うたり、また米を搗《つ》く時には、むかし中国の傑僧の六祖慧能も、わかい頃には米を搗いたことを思ったりしたものである。師匠の国仙和尚の室に参じて、直きじきに教えを乞う点でも朋輩たちに遅れはとらず、また毎朝の座禅も人に遅れはとらなかった。

だが、一たび円通寺を去ってから、いつしか三十年の歳月が過ぎて、遠く山海中州――現在、中部地方や中国地方といっている地方？――を距てて、昔の朋輩の消息は伝わらない。今にして師恩の深高なことが感じられて、涙を止どめ難く、今潺湲たる水音を耳にして、はるかに往時をしのんで、この詩をつくるのである」というほどの気持ちでしょうか。

前週にお話した話の内容は、前々週の話と同様、皆さん方の中には、多少むつかしいと感じられた方もおありでしょう。その点については、わたくしにも察しがつかないわけではありません。しかしわたくしとしては、前にも申したように、皆さん方くらいの年令になれば、もうあの程度のことは、一おう知って置かれる必要がありはしないかと考えるからであります。つまり、大学に入ると否とに拘らず、一おうあの程度のことは心得ている必要があろうと考えるわけです。否、ああした宇宙および人生に関する根本問題については、たとえ大学に進む人でも、なるほど専門の講義を聞く機会は多くても、とくべつの人を除いては、こうした講義を聞く機会は、まずは無かろうと思うからです。そこでそれらの人びとは、一体どういう事になるかと申しますと、まるで真夜中に、突然巨大な森林（大学）の中へ連れ

込まれた人間のように、翌朝目が覚めると、なるほど周囲の様子がいかに異常かということは、一おう分かったとしても、自分が現在置かれている場処が、その広漠たる大森林の中で、一体どの辺にあたるのか、まるで見当のつかない人間のような事になるのであります。そのために、なるほど世間の人びとからは、いわゆる専門家扱いされて、いっかど卓《すぐ》れた人間のように自惚れても、他の一面から見ますと、狭い自分の専門領域以外のことは、何一つ分からないという一種の専門的な機械になるわけであります。そこで、そういういわゆる専門バカというか、専門的なデクノボウにならぬためには、前二回にわたってお話したような、宇宙や人生に関し、一おうの大観的な見識をもつ必要があると考えるわけであります。

では、今日は一体どういう事をお話するかと申しますと、それはすでに題目にも掲げたように、「神について」という問題であります。ところが、こう申しますと、皆さん方の中には、神だの仏などという問題については、さまで関心を持たない人もあろうかと思います。そればかりか、現在わが国でいわゆる「知識人」と呼ばれている人びとの中には、「自分は無神論者だ」といって、それをまるで得意そうにしている人も少なくないようであります。しかしながら、そうした態度は、わたくしには、かえってその人の人間的な浅薄を示すと思うのであります。それというのも、かりに神を信じることはできないとしても、そんならヤハリ生涯かけてその有無について探求し、究明すべきではないかと思うからであります。そして臨終に際して、「自分は神が有るか否かという問題について、一生かかって探求してみたが、おろかにして自分はついに神の存在が信じられる処まで行けなかった」というか、それともまた、「自分は生涯神の存在を追い求めてきたが、しかし神とはこういうものだと、積極的に人に語ることはできない。しかしながら、このように一人の人間として、生涯をかけて追求せしめたそのものこそ、実はその源が神というものから出ているのではあるまいか」すなわち、われわれ人間が神を求めるということそのことこそ、実は神のはたらきの一つといってよく、それは言いかえれば、神が神自身を求める働きだともいえるでしょう。少なくとも、こうした考えに到達する人もないではありますまい。そしてわたくしとしては、安易に神の存在を否定する人より、こうした人にこそ、深い尊敬の念を抱くのであります。

では何故わたくしは、神を軽がるしく否定する人を尊敬しえないかというに、それはそういう人びとは、自分のそこばくの知識を誇って、自己の生命の本源に対して、全く無関心な人だからであります。勿論わたくしとても、無神論をとなえる一部の知識人と呼ばれる人びとの気持ちが、全然分からぬというわけではありません。何となればそれらの人びとは、「神」という概念を、あたかも人間の姿の投影のように考えるために、そのような素朴な神は絶対に存在しえないと考えるわけであって、一面からはムリからぬとも言えましょう。同時にその限りでは、わたくしとても、その人びとの考えに賛同を惜しむものではありません。では何故わたくしが、この種の人びとと手がつなげないかと申しますと、それらの人びとが、どうしてそのように素朴な、まるで未開人のような神観にいつまでも留まっているのか、それがわたくしには不思議でならないのであります。いやしくも「知識人」と呼ばれ、あるいは学問とか思想のことに従事している以上、そうした安易な態度は、一種の怠慢というべきだからであります。その点さすがに、西洋においては、自分を無神論者だと表白するには、絶大な勇気を要するといわれていますが、それは西洋では、現在なおキリスト教の信仰が、ある程度生きているために、無神論者たることを表白することは、周囲の社会へのひとつの挑戦であると共に、このように事を軽々しく考える安易な態度が、西洋では少なくとも学者・思想家の間には、少ないからだと思われるのであります。

では、何故わたくしは、このように神の問題を重視するかと申しますと、それは前にも申すように、この問題は、自分のいのちの本源に関する問題だからであります。否、ひとりこの自分という一人の人間の生命の本源であるばかりでなくて、実に万人のいのちの本源の問題であり、さらには地上一切の生命と、事物の本源と申してよいからであります。随ってそれをろくスッポ究明もしないで、安易に否定して、「自分は無神論者だ」などと放言して憚《はばか》らないような態度は、学者・思想家としてはもとより、一般に一人の人間としても、どうも尊敬しえない態度と思うのであります。いわんやその人が、学者・思想家たるにおいておやです。

それというのも、そもそも神の問題というのは、すでにしばしば申して来たように、第一にお互い人間にとっては、わが生命の本源の問題たるばかりでなく、人類そのものの、否、地上の一切万物の本源の問題だからであります。したがってまた、それをどのように考えるかということは、その人の世界観・人生観の根底が明らかになる問題だからであります。それゆえまた、神を否定するという場合、その人は結局、物質を以って宇宙の根本と考える唯物論者といってよいでしょうが、そのように宇宙の根底を単に物質と考えることの難点については、先週すでにお話した事柄であります。ではわたくし自身は、神に対して、一体どのように考えているのでしょうか。これはある意味では仲々むつかしい問題ですが、しかし人間は、それぞれその人の力量に応じて、この点を明らかにすることが大切であり、否、その義務があるとさえ思うのであります。何となれば、この点を明らかにしないかぎり、われわれは自分の人生を、真に徹底して生きることは至難の事柄だからであります。それは丁度、自分の足もとが動揺している人の射る矢が、的に当たらぬのと同様であります。総じて「的」というものは、射手がしっかりした足場を踏みすえていてさえ、仲なか当たらないのに、いわんや足もとが動揺していて、当たろうはずはないのであります。人生のこともまた同様といってよいでしょう。

　では、かくいうわたくし自身は、神について一体どのように考えているのでしょうか。今ひと言で言うとすれば、「神とはこの大宇宙をあらしめ、かつこれを永遠無窮に統一している絶大な力であり、超生命的な大生命だ」と考えているのであります。しかしながら、わたくしの考えている神は、単にそれだけに留まるのではないのでありまして、それと同時に、いつもこのわたくし自身の全存在を、その根底において支えてくれている力であります。否、わたくしの考える神は、さらにそれのみでなく、もし思いひと度それに及べば、直ちにこのわたくしの心の奥底において、それとのいのちの連続感が、否、直接感さえも感じられるのであります。かくしてわたくしの考えている神は、このように、一方からはこの大宇宙をあらしめ、かつそれを永遠無窮に統一して、瞬時も止まることなき絶大な力であると共に、他方わたくしという個人との関わりから申せば、このわたくしという一人の愚かな人間をも見捨て給わず、日夜このわたくしの全存在を支えていて下さる絶大なる生命であり、いわば「生命の生命」ともいうべき絶大な「大生命」なのであります。

そこで、ここまで到達して、一つの根本的な問題は、そのように一方からは、神はこの大宇宙をあらしめ、かつそれを統一している無限絶大な力であると共に、他面それは、このわたくし自身の全存在を支えていて、思いひと度それに及べば、直ちにわたくしの心の奥底において、いのちの直接的なつながりが感じられるということは、いわば絶対者としての神における極大と極小、外と内との両面と申してもよいのでありまして、わたくしには、これらの両面のいずれか一方だけでは、真の神観とはいえないのではないかと思うのであります。そしてそれは、一方からは、外に無限大なる大宇宙が存在している以上、それがかく存在せしめられている絶大にして無限なる根源力者として神が考えられるのは、もとより当然のことと思うのであります。しかしながら、神がもしそれだけに留まるとしたら、それはわたくしにとっては、まだ神を外側から見ているに過ぎないのであります。即ちそういう神でしたら、それはいわばわれわれの身体とのつながりの側面からのみ考えられた神であって、そうした神観は、まだ外的物質的なものとの連関において考えられた神に過ぎないのであります。かくして、わたくしと神との関係は、単にそのような外的物質的な面からだけでなくて、より内面的に、わがいのちとの連関において見られる神は、先にも申したように、思いひと度それに及べば、直ちにわたくしの心の奥底において、何らかの趣きにおいてじかにその直接性が直証せられる「生命の生命」としての「大生命」でありまして、このとき神は、この肉のわたくしよりも、はるかに内的な存在なのであります。否、わたくしの心とか精神よりも、さらに奥深い処において直証せられる「大生命」なのであります。

以上わたくしは、現在わたくし自身の信じている神について、その一端を申したのでありまして、それはいずれかの既成宗教の教説ではありせん。それゆえ、何らか特定の既成宗教を信じていられる人にとっては、おそらくは物足りない感じがするだろうと思います。しかし同時にまた、いずれかの既成宗教を信じている人でも、虚心にその宗教または宗派特有の固い外皮をとって、その内面に湛えられている絶大なる生命そのものの立場に立つとしたら、以上わたくしの申した処と、それほど大きなひらきはないのではないかと思うのであります。

同時にわたくしがこのように申すのは、何ら既成宗教を斥けるものではないということを、この際とくに申し上げておく必要がありましょう。何となれば、それぞれの既成宗教は、人びとをして、宇宙の絶大な生命に対して、比較的たやすく導かれるように、それぞれ宗教的天才ともいうべき開祖とか宗祖と呼ばれる人々が、種々の方便や手だてを工夫して、編み出されたものだからであります。ただ、世俗に「両方良いことはない」といわれるように、その反面、それぞれの方便や手だての工夫の型に囚われて、絶対的生命の真の趣きを歪ますような面もないとはいえないでありましょう。現に神と仏という二種の概念は、専門的に申しましたら、それぞれ違うところがあるわけで、否、同じく仏というコトバを用いても、禅の立場と浄土門の立場では、ひじょうに違うともいえましょうが、しかしここでは、そのような専門的な問題にあまり深入りしたくないのであります。ですから、もし皆さん方の中に、こうした問題について、多少とも立ち入って考えたいと思われる方がありましたら、先師と非常に親交のあった人の①「宗教的世界」という本をお読みになられたらと思います。では今日はこれにて——。

（例により先生は、板書をキレイに消されて、一礼の後降壇。校長先生と共に、その姿は講堂から消えて行った。）

①「森信三全集」第三巻所収。

第七講——唯物史観

今日もまた名児耶先生のお話が聞けるかと思うと有難い。それにしても、今日はどういう話をなさるかと、大きな関心を抱いていたら、一礼の後先生の書かれたテーマは「唯物史観」であった。そしてこの問題を、これまでの哲学や宗教的なお話と、どのように関連させてお話になられるかと、異常な期待をもった者は、決してわたくし一人だけではなかったに相違ない。

玄冬十一月
雨雪まさに霏々《ひひ》たり
千山同じく一色
萬径《けい》（みち）人の行くこと稀なり
昔遊《せきゆう》すべて夢となり
草門ふかく扉を掩う
終夜榾柮《こっとつ》（ほだ）を焼《た》き
静かに古人の詩を読む

良寛

良寛は円通寺の修業時代を了え、ついで諸国を遍歴したが、やがて四十歳を越えるや、故里の越後へ帰ったのであります。ところが、故里へは帰ったものの、父の以南はすでに京都の桂川に身を投げて死んだとも、あるいは高野山に身を隠したともいわれ、とにかくわが家は没落して、身を寄せるわけにゆかなかったようであります。そこで結局、日々のくらしは托鉢によって支えつつ、やがて国上《くがみ》山中の五合庵という草庵に入ったのであります。そしてこの詩は、あるいはその五合庵時代の作かとも思われるのです。大たいの意味は説明しなくともお分かりでしょう。榾柮は、ほだ即ち薪の意味で、真冬の山中に唯一人住む五合庵時代の良寛の生活の一面が、しみじみと伺われるではありませんか。ちなみに、ここに「古人の詩」とあるのは、あるいは中国の有名な隠者の寒山の詩かも知れません。

ご存じのようにわたくしは、前二回にわたって神の問題について、自分自身の考えのあらましをお話申したつもりであります。しかしながら事柄の性質上、どれほど皆さん方の心に受け入れられたかどうか、分かりかねるのであります。勿論それには、わたくし自身の話し方のつたなさ、さらにはその内容の熟し方の足りなさ、ということにもなるわけですが、同時にまた他方、皆さん方の側でも、何しろまだ人生経験の年月が短く、また深刻な人生の苦難ともいうべきものを経験している人は、ごく少数の人を別にしては、大して無いからでもありましょう。それというのも、宗教の問題とか、神の問題というようなことになりますと、単に頭さえ良ければ分かるなどというものではないからであります。否、神の問題については、頭が良いなどということは、何の役にも立たないどころか、かえって邪魔になるともいえましょう。それというのも、いわゆる頭が良いといわれるような人は、神のことなど真剣に問題にはしていない人が多いからであります。即ち世間で、いわゆる頭が良いといわれるような人の多くは、自分の頭を過信して、とかく傲慢になりやすいからであります。ところが傲慢ということは、神の力の代わりに、自分の力を過信するわけでありますから、神のことなど考えっこないのです。つまり神よりも自分のほうを信じるというのが、傲慢の本質でありまして、これは典型的には、アダムとイヴの神話に象徴せられていますが、しかし、これはひとりアダムとイヴだけでなく、すべての人間の心の中に潜んでいる傾向といってよいでしょう。そしてそれ故にこそ、それは「原罪」と呼ばれるゆえんであります。

では、今日お話しようと思うマルクスの唯物史観の問題は、これに対して一体どのような関係があるのでしょうか。これはある意味では、非常に困難な問題ともいえましょう。何となれば、神と物質は、前回および前々回にも申しているように、この大宇宙に対する言わば両極的な見方といってよいからであります。随ってそれは、いわば正逆の関係であるとも言えるわけであります。しかしながら、唯物史観という立場は、ふつうに唯物論と呼ばれているものとは、必ずしも同一ではないわけですから、ここにはさしあたり先ず史的唯物論とか、約しては「唯物史観」と呼ばれるもの自体が、一体どのようなものであるかについて、一おうお話しておく必要がありましょう。

ところで、この史的唯物論については、すでに学校の授業の中でも、ある程度の説明は聞いていられることかと思いますが、マルクスが創唱した学説でありまして、それは彼の主著の「資本論」において、はじめて本格的に発表せられたわけであります。今その根本の骨子となっている処を、一口で申せば、人類の歴史を考察する時、われわれ人間の社会組織は、物質的な（経済的）ものの反映であり、それによって制約せられているというのであります。即ちかれの根本思想は、われわれ人間の意識が、社会の物質的経済的な諸条件によって制約せられて来たことに着目して、われわれ人間の社会は、その生産力が発展すると、それと対応して、一定の生産関係によって規定せられ、そしてそのような経済的な生産関係が社会の下部構造、即ち土台となって、その上に政治や法律、さらには芸術や学問というような観念的文化的な、上部構造が成り立つという考え方であります。かくしてわれわれ人類の社会は、原始共産制の社会から奴隷制の社会へ、そしてそれから封建制の社会をへて、現在の資本主義社会になったが、それは将来さらに社会主義社会に転化し発展すると考えるのであります。

ところで、このようなマルクスの唯物史観について、虚心にこれを考えてみますと、そこには確かに、前人未発の卓抜な独創的見解があると言ってよいと思うのであります。確かに経済的に優位の地位に置かれているものは傲慢になって、自分たちの存在が、いかに貧しい人びとを圧迫しているかということを、悟らないのであります。随ってそうした被圧迫階級に対する迫害がその極に達する時、それら被圧迫階級の人びとは、起ち上がって圧迫階級を打倒するでない限り、そうした迫害は何時までも続くというわけであります。そして現在の資本主義社会の弊も、結局は被圧迫階級としてのプロレタリアートが起ち上がって、この資本主義社会を打倒する他ないというわけで、そこには安易に否定し難い現実の深刻な真理の一面が示されているといってよいでしょう。同時にまたそれ故にこそ、このマルクスの真理観を原動力として、ソ連邦は、旧き帝政ロシアをその暴力革命によって打倒し、自来五十年の歳月を経過した今日では、ご承知のように世界第二の強国としての地歩を占めているのであります。

しかもこれは、ひとりソ連邦のみでなくて隣国の中華人民共和国においても、旧軍閥時代の腐敗した国家を根本的に建て直した根本原理は、これまたマルクス主義によるのであって、毛沢東による中国の統一は、四千年に及ぶ長い中国の歴史の上にも、比類の少ないほどの巨大な偉業といってもよいでしょう。また中国以外にも、東欧諸国から北朝鮮、さらに近くはベトナムについて見ましても、北ベトナムが、兵器の優劣という点では、全く比較にもならなかったにも拘らず、優秀な装備をもつ米軍に対してつねに攻勢に出て、ついにはその撤退を余儀なくさせるに至ったには、もちろんそこに強い民族主義にもとづく愛国心が、その根本動力としてはたらいていることは、申すまでもないことですが、同時にそこには、指導者ホー・チーミンによって、マルクス主義が採用せられたということは、そこには看過を許さないものがあるといえましょう。それ故こうした最近における世界の国際情勢上、顕著ないくつかの事例を見る時わたくしたちは、こうしたマルクスの唯物史観というものについては、どこまでも虚心にこれを考察して、軽々しくその長短是非の論断をしないだけの用意が肝要だと思うのであります。即ち、その持っている長所と短所とを冷静に比較検討して、いかにこれに対処すべきかを、慎重に究明する必要があると思うのであります。

そこで、最初にまず、以上述べた国々、即ち約五十年前のソ連革命以来今日までの間、前にかかげたマルクス主義による暴力革命の一おう成功したと思われる国々について、そこに何か共通したものはないかと考えますと、それはこれらの国々は、革命以前には、その工業的生産力が非常に遅れていて、いずれも産業革命以前の状態にあったということであります。同時に、それらの国々が革命後全力を挙げて取り組んできたのは、そのいずれもが、国を挙げての機械的生産力の増強ということであって、この点は現実のマルクス主義というものを考える上で。実に重大なポイントだと思うのであります。そこでソ連邦は革命後五十年を経過していますから、その生産力は、一時はアメリカをのぞいて、世界第二位に達した時期もありましたが、今やピークを越えていわば横ばい状態といってよく、西独およびわが国によって凌がれんとしつつあることはご承知の通りであります。次に中国の生産力については、革命後まだ日が浅いのと、何しろ七億何千万という巨大な人口を擁しているために、その生産力のレベルを全面的に上げるということは、容易ならぬ難問題でありまして、ひじょうに長い年月を要するわけですが、しかし将来は必ずや大なる生産力をもつ国になることは、ほぼ確言しうるかと思うのであります。このようにマルクス主義は、その創唱者たるマルクス自身においては、いわば富の平均化にその力点が置かれていたにも拘らず、これを採用して革命を断行した国々においては、その重点はいわゆる所得の平均化ということ以上に、生産力そのものの向上に向けられたのでありまして、この点はマルクス主義そのものと、それによる革命国とを考える上で、深く注意を要する点かと思うのであります。

では一歩をすすめて、何故この点が重大かと申しますと、ご承知のようにマルクス自身が、この学説において主張したのは、資本主義の進行と共に、資本家と労働者との間に貧富の懸隔が著しくなり、その極、労働者は起って資本主義制度を打倒して、労働者による独裁制、即ちプロレタリアートの独裁体制へと必然に移行するし、またそうしなければならぬと力説したのであります。随って現実の事態が、もしマルクスの予言通りに進行したとしたら、革命は当然欧米の先進諸国家に勃発すべきはずなのに、事実においてはご承知のように、先進資本主義経済国に起きないで、産業革命以前の国々において勃発し、そしてそれぞれ相当に成功しているのでありまして、この点はマルクス主義というものを考える上で、最も重大な点と申してよいでしょう。何となれば、そこには、マルクスの予見しなかった——むしろそれとは正逆の現象が生じているからであります。

しかしながら、ここで注意を要するのは、それではマルクス主義は根本的に誤りであって、何らの意義も価値もないと考えるとしたら、これもまたゆゆしき誤りといわねばならぬでしょう。何となれば、すでに申したように、ソ連邦はこれによって世界第二の強国となったのであり、また中国その他の国々においても、これによってその生産力は飛躍的に向上しつつあるからであります。

では以上の事柄からして、われわれはマルクス主義に対して、どのような見解を持ったらよいかというに、それはすでに述べて来た事柄ですが、大要次の三カ条に要約することができるかと思われます。即ちそれは、

㈠ マルクス主義による革命は、少なくとも現在までのところでは、マルクスの予言したように、生産力の進歩し発達している資本主義国に発生しないで、

㈡それとは正逆に、産業革命以前の、即ち生産力の低い段階にある国々において勃発し、しかもそれぞれ成功しつつあるという点で、マルクス主張とは正逆の結果になっているという点であります。かくして、そこから引き出される第三の点は、

㈢ それゆえ、世界の国々のうち、現在まだ産業革命の行なわれていない低次生産段階の国々において

は、将来何らかの意味で、マルクス主義と関連をもつ革命の生起する可能性が多いということであります。そしてこれは、以上わたくしの申して来たことを、虚心に考察するならば、何人もほぼうなづかざるを得ないだろうと思います。

そこで問題は、マルクス主義は、現在高度の生産力に達しているもろもろの資本主義国においては、いかなる意義を持つかということが問題であり、特にわが国のように、かなり高度の生産力に達している国家の場合には、一体どのような意義をもつかということは、これまでその前例がないだけに、ひじょうに重大な問題だといってよいでしょう。

ではどういう点が問題になるかというに、それはマルクス自身が力点を置いていた貧富の懸隔という根本問題については、資本主義国家にあっては、とかく軽視せられがちだということであります。そもそも、人間の社会において最も大切な問題は、結局は自由と平等という二大原理に要約することができましょう。そしてそのうち共産主義国においては、「平等」の原理のほうが重視せられて、「自由」の原理は制約せられているのに対して、資本主義国においては「自由」が重んじられて、「平等」の面はとかく軽視せられがちだといってよいでしょう。随って今後もしマルクス主義が、資本主義国家において果たすべき役割があるとしたら、この側面においてだと言ってよいでしょう。即ち自由に対して平等面の重視ということであります。

ではそれは、いかなる角度から成されるかというに、それは資本主義体制に対する「批判」という形態によるといえましょう。それというのも、マルクス主義というものは、人類の歴史上かつて無かった空前の「批判体系」といってよいからであって、かれの立場からは、貧富の懸隔は、たんに貧富の問題としてではなくて、いわゆる搾取観の観点から、深刻きわまりない批判が為されているわけであります。即ちそこには、資本家による労働者への搾取が、富の蓄積の根本原因とせられるのであって、このような搾取・被搾取という観点は、まったく空前の創見といってよいでしょう。

ではマルクスは、どうしてこのような学説を生み出したかと申しますと、それは彼は元来ドイツ生まれですが、パリに亡命し、ついでロンドンに亡命したのですが、当時の英国は、紡績業が機械化されようとしつつあって、いわゆる産業革命の初期でしたが、そのために貧・富の懸隔がはなはだしくなると同時に、その背後には労働者への苛酷な労働強化が行なわれ、とくに婦人や子どもまでが、十数時間も労働に従事させられるという、悲惨な事実を目撃するに及んで、これを経済的立場から分析して、そこには資本家と労働者との間に、搾取・被搾取の行なわれつつあることへの認識に到達したのであります。そしてその学問的成果が、有名な「資本論」だということはすでにご存じの通りであります。同時に彼はそのような観点から、人類の全歴史的展開にメスを入れてみると、人類の歴史は、最初の原始共産制の段階をしばらく別にすれば、それ以後の奴隷制時代はもとより、封建制の時代においても、搾取、被搾取の関係は変わらないという結論に到達し、このように従来いかなる歴史家も気づかなかった立場から、人類の全歴史を根本的にウラ返えして考察する立場に到達したのであります。もう時間が参りましたので、今日は一応これまでとして、引きつづき次にもう一回、この問題についてお話することにいたしましょう。

（例により、板書を消して一礼せられてのち、微笑されながら「今日はこれから九州の旅に出かけます。九州には同志が多いので、年に二、三回は廻ることにしているのです」といわれて降壇。やがて校長先生と一しょに退場された。）

第八講――社会的正義――マルクス主義と宗教――

名児耶先生、今日も道服姿で壇上に立たれる。そして一礼の後、今日のテーマと次のような良寛の詩を書かれた。

終日食を乞い罷《や》んで
帰り来って蓬扉《ほうひ》を掩う
炉には葉を帯ぶる柴《しば》を焼《た》いて
静かに寒山詩を読む
西風微雨を吹き
颯々《さつさつ》として茅茨《ぼうし》に灑《そそ》ぐ
時に雙脚を伸して臥《ふ》し
何をか思いまた何をか疑わん

良　寛

これもまた、五合庵時代の一断面と言えましょう。故里越後へ帰ってからの良寛の生活は、すべてが托鉢によって支えられていたからです。そこで、気候のよい時とか、天気の良い日は、終日托鉢して廻ったのでありましょう。そして、疲れはてて夕方庵に帰り、葉のついた柴を焚いて、静かに中国の隠者の寒山の詩をひもとくというわけです。

それというのも、寒山と良寛の二人は、その境涯がよく似ているからです。するといつしか西風につれて微かな雨が庵の屋根に注ぐ音が聞こえてくる。そこでそうした閑寂な中に、ゆっくり両脚をのばして横になれば、この世に何の物思いもない――というほどの意味でしょう。

この前の時間の終りに申したように、あれからわたくしは昨日の夕方まで、東九州の同志のところを廻って来ました。そして一昨々日の夕方宮崎県の延岡へゆき、延岡から四十何キロも五箇瀬川をさかのぼって高千穂町へ着き、それからさらに熊本県境に近いところまで参りました。そして最後が宮崎市で、杉田正臣先生という方のところで大へんご厄介になって来ましたが、この方は先師が「現代の高士」と呼ばれて、大へんお親しかった方であります。

前回は唯物史観の問題について、ホンノその一端をお話したのでしたが、何しろマルクスの思想は、この前にも申したように非常に雄大な思想体系でありまして、たんに経済学の領域だけに留まるものではなくて、政治や経済を始めとして、文化のあらゆる領域にわたっており、しかもそれらが根本的には、いずれも一貫して批判的立場にたっての考察なのであります。すなわち前回にも申したように、どの部分をとって見ましても、そこにはある種の新鮮さと切実さ、更には深刻さが感じられるのであります。そしてそれらは、要するに批判の光を浴びることによって、それまで何人も気づかなかった面が明らかにされるからであります。それは言いかえれば、「根本批判」という鋭いメスを入れることによって明らかになった、人類社会の諸相を見せつけられるといってよく、あるいはまた、これまでついぞ一度もウラ返えして掃除されたことのない諸もろの事実を、根本的にウラ返えしてみますと、そこにはこれまで思いもかけなかった、沢山のチリやホコリが、うず高くたまっているわけで、知らねばとにかく、一旦それを知った以上は、何人も放っておけないという気になるのであります。いわんや血気盛んで、まだ妻子を持たないわかい学生の場合、とくにそうした考えになるのは、もっともな感じがするのでありま す。

現にわが国でも、数年前学生運動が盛んで、そのピーク時には東大を中心として、いわゆる「大学紛争」という形で勃発しましたが、しかしこの学生運動というものは、ひとりわが国だけではなくて、ある意味では世界的な現象だったといってもよいでしょう。ところが、この学生の政治運動というものは、元来は文化のまだ十分発達していない国々に発生したのでありまして、とくに革命前の中国において盛んだったのであります。そしてその原因として考えられるのは、そのころの中国では、一般の民衆の文化程度が低く、随って少数の知識人をのぞけば、学生だけが国際情勢に通じていたために、当時中国の置かれていた国際的な被圧迫状態を慨して起ち上がり、盛んに政治運動を行なったのであります。そしてそのホコ先の向けられたのは、主としてわが国であり、ある意味では、これが今日の中国革命の遠い一因となったともいえましょう。

では、ひるがえって現在発生しつつある学生運動は、一体どういう意味をもつものでしょうか。それに関してわたくしの考えますのは、現在のような資本主義社会においては、健全な社会の二大要素としての、「自由」と「平等」のうち、自由のほうは一応かなりな程度に保証されているわけであり、この点は人によっては自由過ぎるという人さえあるほどであります。ところが、もう一つの平等という面になりますと、共産主義諸国と比べては、たしかに劣るところがあるわけであります。そこで今日の学生運動の根底にあるものは、こうした点の是正、すなわち人類の平等化への動きの一種と申してよいでしょう。そしてそれは、現在の共産主義国家が、そのかみ暴力革命によって起ち上がったのと、半面は共通しつつも、他の半面では違っているといえましょう。

なるほどそこには、確かに一種の暴力が働いてはいますが、しかし学生運動における暴力と、ソ連邦や中国の革命時における暴力とは、そこには根本的な相違があるといってよく、それはとうてい比較などされるものではないわけです。それというのも、ソ連や中国の革命による人命の殺傷は、少なくともそれぞれ二千万人以上といわれており、人によっては三千万を越えるとさえいわれていますが、学生運動において死亡した人数は、わが国ではいわゆる赤軍派のリンチ事件を別にすれば、現在までのところ、十名に達しているかいないかという程度でありまして、まったく天地の差あるわけです。しかしながら、「暴力」という点では、もちろんその間程度の差はありながら、たしかに一種の暴力行為ではあるわけであり、そしてそのために、多くの人びとから非難されるのも当然といえましょう。しかしながら、それには、むしろ大学自体の内包している色々な矛盾がその直接的原因といってよいでしょう。すなわち戦後の大学は、そのいちじるしい激増にも拘らず、今日までほとんどそれへの本格的な対策は為されていず、またわが国の政治・経済の面においても、生産力の急激な上昇に伴う幾多の矛盾を内包するようになっているために、いわばそれらの欠陥を指摘したわけであります。

では、そうした社会的な欠陥とは、一体どのようなものをいうのでしょうか。しかしながら、此処ではそれらの現実的な諸矛盾を、一々列挙している暇はありませんが、今一言でいうとすれば、それは畢竟するに、資本主義制度における貧富の懸隔の問題であり、随ってこれは自由社会の発展途上、ともすればその蔭に隠蔽される格差の是正としてのいわゆる平等性の恢復への動きといってよいでしょう。しかるにこのような平等性の恢復を一ばん妨げているものは、その根底に横たわる貧富の懸隔の問題といってよく、つまりそれが、一切の社会的不平等の根因となっているからであります。

そこで、このような社会における経済的不平等を根絶しようとする運動に対して、もし普遍的な名称で呼ぶとすれば、結局は「社会的正義」の実現というべきでありましょう。もちろん「正義」という以上、何も経済的な問題のみに限る必要はないわけですが、それにも拘らず、古来それが「社会的正義」という名称で呼ばれているのは、富の配分の不平等が、一切の社会的不平等性の現実的基盤を形成しているからであります。随って現在行なわれている種々の革新運動はもとより、最近の学生運動の根底にはたらいているものも、結局はこのような巨大なる「社会的正義」の発動の一つの異常な形態といってよいでしょう。しかしながら、この「社会的正義」というコトバは、かなりその歴史が古いために、かえってこのコトバが、人びとに対する新鮮な標幟として、高く揚げられないゆえんでしょう。それというのも、多くの人びとを動かしてこれを動員するには、つねに新鮮な標幟を以ってしなければその効力が薄いからであります。

しかしながら、その内実と申しますか、真の内容からいえば、すべて革新運動は、これを一言でいうとしたら、そのいずれもがみな広義における「社会的正義」の実現を意図するものといってよいでしょう。そこで、今日われわれは、改めてこの「社会的正義」というものの本質について、検討してみる必要があると思うのであります。ということは、まず結論から申しますと、「社会的正義」とは、人間愛の発露の一様式であり、否、その新たなる展開といってよいでしょう。なるほど、「社会的正義」の実現にあたっては、そこには不正なるものに対する批判と糾弾、さらには打倒というように、従来の「愛」の概念によっては解し得ないもののあることは事実であります。そのために、人によってはこれを嫌悪し、さらに否定する人も少なくないのであります。否、かくいうわたくし自身さえ、時にはそうした感じを抱く場合もないわけではありません。しかしながら、それはわたくしたちの「愛」に対する考え方が、とかく個人を対象にしているが故であって、もし広範囲に及ぶ多くの恵まれない人びとのことを考えますと、それがそのような広範囲におよぶ多数の人びとの生活を向上するためだと分かりますと、これまで、とかく一人の人間しか対象としなかった従来の個人本位の愛情というものが、今や社会的に、その新たなる展開を開始するに到ったと言ってよかろうと思うのであります。

そこで、以上申してきた事柄を、もう一度要約して考え直してみますと、愛の社会的展開のためには、そこに不正なるものへの「憤り」というものが、不可避の媒介となるということでありまして、これは、従来の個人本位の愛情観においては見られなかった現象といってよいのであります。すなわち個人を対象とする愛情の場合には、かりに相手に正しくないことがあったとしても、それを説いていさめはしても、それを糾弾したり打倒するということはないのであります。しかるに愛の社会的展開としての「社会的正義」の実現となりますと、不正に対しては断乎これを糾弾し、時には打倒しなければならないのでありまして、この点、個人に対する愛情とは、その発現の様式がひじょうに違うことを知らねばならぬのであります。

では何故このように違わねばならぬのでしょうか。この点に関する考察は、ひじょうに重要と思いますが、わたくしの考えでは、愛情の対象としての相手が個人の場合には、愛は相手の全人格を包むことが可能ですが、ひと度その対象が社会全体という無量の人々となりますと、個人の場合のように、対象たる人びとを全人格的に包摂することが不可能になるためであり、そこからして、どうしても「不正を許さぬ」とか、さらには「不正を糾弾し打倒する」というような否定的な様式によってしか、愛情の展開が不可能だからではないかと思われるのであります。随ってそこには、前にも申すように、「社会的愛情」というコトバの代わりに、「社会的正義」というコトバが用いられるゆえんがあるわけであります。

このように「社会的正義」というものは、実は「愛情」の社会的展開における不可避の原理だということについて、これを確認するために、わたくしはもう一度、マルクスの「資本論」の書かれた真因ともいうべきものについて、一言したいと思います。それはすでに申したように、マルクスは、パリの亡命生活からロンドンへ亡命したわけですが、彼がそこで見たものは、産業革命の開始期にあった英国の紡績業で、それまでの手工業から、初歩的な段階ながらも、機械化に移行する過渡期であって、彼がそこに見出したものは、婦人の深夜業や、子どもたちの苛酷な重労働の惨状だったのであります。しかもそれに対して、「愛」の宗教たるキリスト教の牧師たちの無力さであり、さらにはその無情さであったのであります。すなわち彼らは愛の使徒として、当然資本家たちの不正に対してこれを糾弾し、事態の防止ないしは軽減に努力すべき立場にあったにも拘らず、当時の英国教会の牧師たちは、それをしないどころか、むしろ工場主側に立ったのであって、ここにマルクスのいわゆる「宗教は阿片なり」という深刻な現実の真理の一面を見せつけられたわけであります。即ちそれまで「宗教」といえば、直ちに絶対であり万能であるかに考えられてきた西欧の天地において、一つの根本的な「宗教批判」の火ぶたが切られたわけであります。

以上述べて来たことを、いま端的に申すとすれば、マルクス主義の出現したそもそもの真因は、実はキリスト教が、その本来の使命を果たさなかった為ともいえるのであります。即ち、「愛の宗教」たることを標榜してきたキリスト教が、上に申したように、産業革命の初期においてすでに「愛の宗教」たることをウラ切ったということであり、そしてその埋め合わせとして、マルクスの「資本論」が出現したというわけであります。

しかしながら、ここで一つの重大な問題は、なるほどその点については、全くその通りですが、それにも拘らず、マルクス主義の根本原理となっているものは、あくまで「不正に対する憎悪」だということであります。すなわち、宗教のように端的に愛の立場に立つのとは違って、「不正に対する憎悪」を媒介とする愛の社会的展開ともいうべき立場だという点であります。同時にそこにはわれわれとして、そのまま無条件には肯定し得ないものがあるわけであります。勿論こうは申しても、宗教とても、必ずしも無条件に肯定しえないことについては、すでに述べた通りでありまして、いわゆる宗教的な愛情は、とかく個人的なものに留まりやすいのであります。何となれば、愛を社会的に展開するためには、何よりもまず、それを妨げている社会的な不正を除去することから始めねばならぬからであります。

以上によって、われわれに知らされたことは、宗教では個人の心霊の救済が主となるに対して、マルクス主義その他の政治・経済的立場からの革新論の背負う役割りは、社会的正義の実現、即ち社会的な不正の矯正、ないしは除去が、その主要な任務だということであります。しかもその際宗教による個人的な心霊の救済は、いわば内なる精神の問題であるのに対して、マルクス主義の主張は、外的社会的側面が主となるのであります。随ってそこには、いわば「内なる革命」と「外なる革命」の相違があるわけであります。

ではわたくしたちは、これらの両者に対して、一体いかなる態度をとるべきでしょうか。この点に対するわたくしの考えは、比較的明白であります。それというのも、われわれ人間が、身・心相即的存在である以上、われわれはこれら両者のうち、いずれか一方のみに執して、他を否定するのは、真の解決ではないと考えるのであります。随ってわれわれは、少なくとも今後は、これら「内なる真理」と「外なる真理」とを、念々に切り結ばせつつ、そうした動的切点の描く軌跡の線上を進む他あるまいと思うのであります。そしてこれこそが、これら内外の両真理のいずれにも囚われない、真に主体的な人間の生き方といってよかろうと思うのであります。

（九州から一週間の長旅を終えて、夜行でけさお着きになられたというのに、名児耶先生のお話は、いつもと少しも変わらないばかりか、題目のせいか、いつもより以上に迫力を持ったものであった。）

第九講——民族の当面する諸問題

われわれが名児耶先生のお話をお開きするようになってから、もう十回近くにもなるが、この頃では、週わずか一回のお話でありながら、このお話が、われわれの生活の中心になり出したように感じられる。例により登壇、一礼の後、今日のテーマの他に、次のような良寛の詩を書かれた。

頑愚信《まこと》に比無し
草木以て隣となす
問うに懶《もの》うし迷悟の岐《わかれ》
自《みずか》ら笑う老朽の身
脛《すね》をかかげで閑《しず》かに水を渉《わた》り
嚢《ふくろ》を携えて行く春に歩す
聊《いささか》此の生を保つべし
敢《あ》えて世塵を厭うに非ず

良寛

これまでの詩は、どちらかというと、良寛の閑寂枯淡な生活の幾つかの断面を見て来たわけですが、この詩は、勿論それらと一連の生活でありながら、その間多少趣きの違う処もあるようです。というのは、もはや迷いとか悟りというような言葉に囚われないで、周囲の環境と一枚に融合した趣きが出始めているからです。

大意は「自分の性質は、その愚なることあたかも草木に似たところがあって、この頃ではもう、迷いだの悟りなどというような沙汰は、メンドウ臭くなってしまった。それどころか、わが身のもうろく加減が、われながらおかしいほどである。それ故眼前に浅い川があれば裾をからげて渡るし、首に頭陀袋をかけて春風の中をそぞろ歩きもする。そして有るか無きかのこのいのちを保つために、あえて俗世を忌み厭うということもなくなったわい――」と。げに世俗の中に住しながら、まことに超俗の趣きがありますね。

さて前回は、「社会的正義」という題目で、じつは「マルクス主義と宗教」の問題について一応そのあらましについてお話したつもりであります。そこで今日も、ある意味ではそれとの連関を心に置きながら、さらに一歩を進めて、現在ならびに将来、われらの民族が当面している主なる現実の諸問題について、そのあらましを考えてみたいと思います。

さて前回には「社会的正義」の問題が、少なくともその現実的基盤においては、貧富の問題であり、随って社会的正義の実現のためには、何よりもまず社会的不正を断乎として排除しなければならぬ――ということを申したわけであります。勿論社会的不正といっても、必ずしも単に貧富の問題だけではないともいえましょう。確かにそうも言えそうですが、しかし今一皮剝げば、その根底には、やはり貧富の問題が横たわっている場合が多いといってよいでしょう。そしてこの点こそマルクス主義が、色々な矛盾や難点を内包しつつも、今日なおその生命を失わないゆえんと思うのであります。それというのも、前にも申したように、われわれ人間が、根本的には身・心相即的存在である以上、少なくともその身体的側面は、物質的世界から離れ得ないのでありまして、たとえ共産主義の時代が来たとしても、人間はこの貧富という問題からは、完全には離脱できないのではないかと思われるのであります。

さて、一応それはそれとして、現在われわれの当面している種々の問題のうち、もっとも大きな根本問題は、皆さん方もすでにお考えでしょうが、自然科学的文明の弊害が、今ようやく深刻になり出したということであります。さしあたり先ず身近かな食物の問題にかぎって考えてみましても、そこには農薬の問題をはじめとして、チクロや色々な防腐剤および種々の着色染料等によって加工せられた食料品が市場に氾濫して、むしろそれらの全然入っていない真の「自然食」といいうるものは、ほとんど絶無に近いといってよい有様です。とくに農薬における水銀剤は、数年前から一部の識者の強力な発言によって、ようやくその禁止を見るに至りましたが、しかしすでに使用せられたものの蓄積は、じつに莫大な量に上って、今後幾十年たったらそれが消滅するか、ほとんど予想ができないという現状であります。また水銀ほどではないとしても、まだ他にもかなりに毒性を持っている有害な薬品がたくさん使われているようであります。そしてそれらが、たぶん今日激増しつつある癌の重大な原因をなしていないとは、今日何人も確言しうる者はないでしょう。

しかし、以上は問題を単に食物のみに限っての考察でしたが、さらに眼を広く社会環境に転じれば、現在われわれの周囲は、交通事故をはじめとして、大気の汚染から、ついでは河川の汚染、否、最近では海水の汚染までが、重大な問題となりつつあるのであります。ここ数年前までは、わたくしたちは「海は一切の不浄物を浄化する」と信じて来ましたが、今やそうとはいえない段階にまで達しつつあるのであります。即ち河水は工場の廃液のために、その汚染が著しくなり、鮎なども棲息しなくなった河川が少なくないことは、皆さん方もすでにご存じの通りであります。それればかりか、最近では海水までも陸地に近いところでは、その汚染が始まったのであり、そしてそれは、ひとり農薬だけでなくて、より重大な問題として、工場からたれ流しになっている廃液のために、その近隣でとれた魚類が汚染せられ、それらを食べたために発生する、いわゆる「水俣病」については、今日では国民中だれ一人知らぬものは無いといってよいでしょう。同時に、「第二の水俣病」とも呼ばれる、かの富山県下のイタイイタイ病なども同様でありまして、要するにこれらは、いずれも工場から排出される有毒物が、河海に流入して、その辺でとれた魚類を食べることによって、発生する病気であって、現在、水俣病患者は尨大な数に上っており、それればかりか最近までは、まさか居まいと思われていた有明海の沿岸地域からも、患者が発生しつつある現状であります。そしてそれは、今や「日本の地中海」とも呼ばれて、その風光の明媚を誇ってきた瀬戸内海にまで、その汚染の魔手は伸びつつある現状であります。

しかもこのような海水の汚染は、単にそのような特殊の激毒物によるばかりでなく、たとえば最近では、不用となって廃棄したビニールが海に流出し、しかもビニールは周知のように、腐敗によって解体するということがないために、いつまでも海底に残り、それが年々蓄積せられて、今や船のプロペラにまで捲きついて、船の進行の妨げになる場合さえあるというほどであります。かくして、以上もろもろの原因による海水の汚染は、これまで海水浴の盛んだった地方も、今やしだいに不可能となりつつあることなど、今さら申すまでもないのでありまして、これらは工場から排出する煤煙による大気の汚染と共に、広義の「公害」として、今や重大な問題となりつつあるわけであります。

しかしながら、この時間の最初に、自然科学的文明の弊害が、わが国でも最近ようやく顕著になり出したと申したのは、上に述べたような、広義における「公害」と呼ばれるもののみを申したのではありません。何となれば、この種の「公害」は、今後政府当局が重大な決意を以って断乎たる対策をとるようになれば、ある程度までは、これを排除することができるわけでありまして、この点については、産業革命の先進国だった英国をはじめ、他のヨーロッパ諸国では、ある程度改善した実例も見られるので**あります。随って今後わが国でも、国民の輿論によって政治当局を鞭韃すれば、前述のような公害は、**かなりな程度までこれを防止すると共に、ある程度旧に復することも、必ずしも不可能ではないと思われます。

しかしながら、いわゆる「自然科学的文明」と呼ばれるものには、これら以外にも、否、それらに幾層倍する重大な弊害があるのでありまして、それはどのようなことかと申しますと、大都市への人間の過度の集中、ならびに機械への人間の隷属という、二つの重大な問題でありまして、この点になりますと、前の「公害」と比べてさらに一そう重大かつ深刻といってよいでしょう。そしてそれは、いわゆる「公害」のように、その「対策」というべきものが、現在までの処ほとんど絶無に近い点が、問題の性質をより深刻ならしめているといえましょう。

そこでまず、大都会への人間の過度集中現象の問題ですが、これは現在わが国の首都の東京が、人口的には世界最大の都市だということによっても分明であります。しかもわたくしが、とくにこの点を重視するのは、この人口の都市集中化問題は、歴史上今日まで、世界のいかなる都市においても、これを完全に防止しえた実例の無いことによっても、その深刻さのほどがお分かりになりましょう。現在の東京はもとより、それに次ぐニューヨークにしても、このままで推移したら、その人口の集中と増加は、絶対に防ぎ得ないのでありましょう。ご承知のように、米国などは国土が広く、また政治の中心はワシントンにあるにも拘らず、膨張するニューヨークの人口は、これを防ぎ得ないようであります。そしてこの点では、ロンドンにしてもパリにしても、はたまたベルリンにしても、いずれも同様でありまして、ヨーロッパのいかなる大都市も、その人口の増加を防ぎ得ている国はないようであります。否、そうした点では、独裁政権下にあって、一おうは如何なる事もできそうな共産主義国においてさえ同様であって、モスクワでも北京でも、人口の増加を防ぎ得ている処はないのであります。わが東京のごときも、すでに江戸時代から、このような人口の増大化は、時どき問題になったこともあるようですが、いかなる政治家もこの点で成功した例はないのであります。

ところで、このように遠い欧米諸国や、江戸時代の事どころではなく、こうして現在わたくしがお話している間にも、わが国の各府県の中心的都市への人口の集中化は行なわれているわけであります。同時にそれは、他の半面には、遠隔地域にはいわゆる過疎現象を生じつつあるわけでありまして、それはわが国の社会生活の上に、かつて無かったような重大なひずみを生じつつあるのであります。そしてそれらのうち、最大なるものは、第一には土地の荒廃でありますが、それについては、人口の激減から生じる教育その他行政上の重大な支障であります。つまりこれまでは、小さいながらも独立していた学校が廃止せられて、遠くの学校へ通わねばならなくなるわけであります。それにまた他の一面では、人口の激減のために、交通上に及ぼす影響も重大であって、例えば、これまで通っていたバス路線の回数が激減して、ついには路線そのものの廃止にさえ立ち到った処が少なくないようであります。しかもこのような現象に対して、一体いかなる対策がありうるでしょうか。それは人口の都市集中化のいわばウラ返しであって、容易にその対策のありえない点では、都市集中の場合と大差ないといえましょう。もっともこの点は、人口の都市集中化と比べれば、為政者が真に異常な決意を以って対策を樹立すれば、ある程度までは防ぎうるかとも思いますが、しかしそうした根本的な対策の実施そのものが容易に期待できず、かりにある程度断行してみたとしても、それによって完全に防ぎうるとは、たやすくは考え得ないのであります。

そもそも皮相的に考えますと、交通機関が発達すれば、たとえ田舎に住んでいても、これまでと比べれば色々と便利になるわけであり、そのうえ田舎生活の一ばんの長所は、何といっても住宅が広い点ですから、住居としてはそうしたゆとりのある田舎の家に住んで、その長所を満喫しながら、必要に応じて都市に出かければ、恵まれた理想的な生活ができそうなわけですが、事実はそれとは全く正逆でありまして、交通機関が便利になればなるほど、人口はいよいよ大都市に向かって集中的に増大するのでありまして、この現象に関しては、先にも述べたように、自由主義諸国においてはもとより、独裁政権を誇る共産主義国家においても、かような人口の大都市集中化を、根本的に解決したところは、現在までのところ絶無なようであります。

随ってこうした現象は、一体どのように説明したらよいか、またその対策いかんという問題は、今や人類そのものにとって、一つの重大な難問となりつつあるといってよいでしょう。何なら皆さんたちも、ひとつこの問題について脳漿を絞ってみられてはいかがです。われわれ人間の真の思考力というものは、このような現実界の深刻な難問に対して、何物にも囚われないで、自分独自の考え方を生み出すことだと思いますね。

さて、以上自然科学的文明というものが、今やわれわれ人類に及ぼしつつある弊害の主なるものの二、三について述べてみたわけですが、以上の他にも、さらに人間の都市集中化現象の反面には、よほど注意しないと、自然界そのものの破壊が、より重大な問題となりつつあるといえましょう。わたくしなど、こうして常に全国を旅していても、もっとも痛切に感じますのは、実にこの「自然破壊」の問題であります。しかもこのような自然界の破壊は、都市の周辺に近い地域において、いわゆる宅地造成を行なうことから始まるわけですが、それはやがていわゆる観光地の開発となり、ここまで来ますと、いずれも自然破壊でないものはないといってよいでしょう。もっともこの点については、皆さん方の多くの方も、程度の差こそあれ、いずれも痛感され、否、痛歎していられることと思います。

しかしながら、これら以外にも、わたくしの眼から見て今ひとつ憂慮に堪えないのは、人里遠く離れた山中においてさえ、わが国の山々は、今や荒廃にむかって急傾斜を始めているかに思われてなりません。この点わたくしは、年間かなりな部分を、全国的な旅に過ごしていますので、普通の人びとと比べて、はるかにその感が深いのであります。そしてその原因と考えられるのは、もちろん道路の開発や、ダムの建設事業などもありましょうが、しかしより根本的なものとしては、結局民族全体の山林に対する愛護の精神の著しい減少によるものと思われるのでありまして、わたくしどもは、今や改めてわれわれの祖先の抱いていた純朴な「山林愛護」の念を、回想せずにはいられないのであります。

最後に、以上述べてきた問題とは、その性質を異にしている問題に、いわゆる「同和地区」の問題のあることは、皆さん方もご存じでしょう。この問題は、これまで述べてきた問題とはその性質が違って、本質的には純粋にわれわれ自身の「内なる問題」であり、いわば各自の考え方の問題でありますから、もし人びとの自覚さえ深まれば、その解決は比較的容易なはずであります。然るにひとたび現実の実態に眼をむけますと、多年の因襲のために、その解決は意外に永びいて、今日なお痛歎極まりない実情にあるのであります。

随って問題は、われわれは今や民族として最深のかかる問題を、いつまでも未解決のままに存置せしめることは、われらの民族にとって「最大の汚辱」として、一日も早く解決を要する問題といってよいでしょう。それというのも、これまで述べてきたような問題も、それぞれその対策の安易でない問題が多いわけですが、しかしもし為政者にして、真に腰をすえて取り組みさえすれば、かなりな処までは解決しうる問題であります。しかるにこの「同和地区」の問題は、以上のいずれと比べても、為政の局にある人びとはもとより、国民各自の自覚を要請している問題であります。それ故この問題は、われわれ日本人としては、かような問題の存在自体が、「民族の最大の汚辱」として、一日も早くこれが徹底的解消を図らねばならぬ重大問題であります。

同時に、この際申し添えたいことは、先師有間香玄幽先生は、すでに申したように、比叡山系の幽谷に七年という永い間、徹底した隠遁生活を送られましたが、それによって悟られたことは、われわれ人間は、この肉の体をもっている限り、名利の念を根絶することは不可能であり、随って、名利の念を根絶した上で、世のために尽そうという考えでは、ついに死に至るまで、積極的に世の中のために尽すことは不可能と悟られ、七年の隠棲から起って、後半生を世のため人のために捧げようとせられたのであります。しかるにその時すでに先師は、不治の病患のため、ついに深山にその蹤跡を没せられたことは、すでに申した通りですが、もしその時先師が、不治の病患に罹っていられなかったとしたら、おそらく先師は、居を「同和地区」の一隅に移され、そこを根拠として、その活動を開始せられたのではないかと思われるのであります。そしてこれは、わたくしの単なる推察や憶測ではなくて、ご存命中すでにそれとなくお聞きして驚いた事によっても、そう思われるのであります。同時にそれによっても、先師がいかに深くこの「同和地区」の問題に心を寄せていられたかがお分かりかと思うのであります。では今日はこれにて——。

（先生例により板書をキレイに消された後、一礼されて降壇。校長先生と共に退場されたが、思いなしか、いつもと違って厳粛沈痛なご様子であった。）

第十講――歴史ははたして進歩するか

名児耶先生、今日も道服姿で壇に上がられ、一礼の後、今日のテーマを書かれると共に、例により良寛の詩を書かれた。今日のテーマは、われわれにとっても全くショッキングである。

古仏の経を持すと雖《いえど》も
祖師の禅に参ずるに懶《ものう》し
衣はまことに風霜に朽ち
食はわずかに路辺に乞う
月に対して□月を詠じ
雲を看てここに還えるを忘る
ひとたび法舎《ほうしゃ》を出でしより
錯《あやま》って箇《こ》の風顚《ふうてん》となる

（□は欠字）

良　寛

ここに古仏とあるのは、歴史上に名の聞こえた、中国禅界の巨匠たちの事をいっているのでしょう。随って祖師とあるのは、道元禅師のことでしょう。それというのも、申すのを忘れていましたが、良寛は道元禅師を宗祖とする曹洞禅の流れを汲む寺で出家したからであります。第三句と第四句は、清貧そのものを語り、第五句と第六句は、そうした中にありながら、しかも悠々たる趣きが伺われますね。しかしわたくしにとって、最も興味があるのは、最後の一句です。第七句「ひとたび法舎を出でしより」の法舎とは、普通には「法の家」即ち雲水たちのいる寺院のことでしょうが、ここでは多分玉島の円通寺の事をさしていましょう。

そこで、どういうことになるかというと、「わしも玉島の円通寺を去ってからは、正規の禅僧の道から逸脱して、このような風顛になってしまったわい」と言って、述懐し詠歎しているわけです。近ごろ若い青年たちの間に、脱サラとかヒッピーとか、フーテンと言うのがいるでしょう。ところが、フーテンという言葉の、そもそもの起こりは、ここにある「風顛」から来ているわけで、何ら新しい言葉ではなくて、良寛はいわばフーテンの元祖と言ってもよいわけです。(先生微笑され、生徒一同又笑う)

前回のお話の中でわたくしは、こんなに交通が便利になったので、田舎でゆっくりした暮らしをしながら、時どき必要に応じて都会へ出て用足しをするほうが、はるかに良くはないかと思うのに、人々の多くはいよいよ大都会に集中して、留まる処を知らないのは、一たい何故かということを問題にして、できれば皆さん方にも、考えて頂けたらと思ったわけですが、皆さん!!、その点はいかがでした——と尋ねられた。

すると、幾人かが手を挙げたので、先生は「ではあなたは——」といって、山本君を指された。すると山本君は起って、「それは大都会は色々と文明の産物がたくさんそろっているので、何を求めるのにも便利だからだと思います」と答えた。すると先生は静かにうなづかれながら、「確かにそういう面もありましょうね。では他に——」といわれると、また多くのものが手を挙げた。そこで先生は、こんどは一番うしろの方にいた大林君に当てられると、大林君は起ち上がって、「わたくしの考えでは、大都会は教育機関が整っているので、自分の子が大きくなった場合のことを考えて、みんなが大都会に住みたがるのだろうと思います」と答えた。すると先生は一々うなづかれながら、「確かにそういう一面もありましょうね」といわれ、その他数人の人に当てられたが、最後に「皆さん方のいわれたことは、それぞれ皆あたっているようですね。要するに人間は、人の大ぜい集まっている処は、それだけ仕事がたくさんあるために、結局は生活がしやすいということでしょうか」といわれて講話に入られた。

さて前回お話した事柄について、もう一度ふり返って考えてみますと、最後の「同和地区」の問題を別としても、それらのどの一つをとってみても、みな容易に解決しにくい難問題といってよいでしょう。大都市への人口の集中化問題にしても、また公害の問題にしても、あるいはまた自然破壊の問題にしましても、いずれも、われわれの前途を暗くする事柄ばかりだといってよいでしょう。現に今日の新聞を見ますと、某電力会社が、最近の公害問題に対する世論の批判攻撃の熾烈化にたまりかねて、海岸から十～十五キロ離れた海上に、人工島をつくって、そこで発電する計画のあることを報じています。しかしながら、仮りにそうしたとしましても、やはり廃棄物によって魚類が近寄らなくなるわけですから、漁業に対する賠償問題を考えねばならぬとのことであります。そこで、こうなりますと、いよいよこの地球上に大自然の保っていた自然界の秩序も、さかしらなわれわれ人間のために、いよいよ損傷され破壊せられてきたわけでありまして、人類の将来を考えます時、まことに容易ならぬ重大問題であり、否、絶大な問題だと思うのであります。しかもこうしたことになった根本原因は、結局はヨーロッパ人種が自然科学というものを発明して、それによって自然界を征服し始めた結果であることは、改めて申すまでもないことであります。そしてそれは、わずかにここ百年ほど以前からの事に過ぎないのに、人類の前途に対して、すでにこのような深刻な行き詰まりが感じられ出したのであります。

そもそも、この地球という天体が生じてからは、大体百五十億年ほどにもなるといわれておりますが、しかしその上に人類の原初ともいうべき、いわゆる「原人」と呼ばれるものが出現してからでも、すでに五十万年前後の「時」が経過しているといわれています。しかし現在のような人間を見るに到ったのは、わずかにここ一万年前後といわれているのであります。もっともこうしたことは、現在学問の到達した大たいの推定に過ぎないのでありまして、今後研究の進行と共に、ある程度変更せられるものと見てよいかと思われます。しかしそれはとにかくとして、現在のような人類が発生したのを、一応一万年ほど以前のこととしますと、そのうち自然科学が発達して、長足の進歩を見るようになったのは、先ほども申したように、大たい百年前後に過ぎないのに、表面的には実に驚歎すべき利便を、われわれ人類の上にもたらしていることは、改めて言うを要しない事柄ですが、同時に他の半面には、上来述べて来たように、人類の行きづまりを予兆するような深刻なもろもろの事象が、すでに出現しつつあるのでありまして、これに対していかに対処してゆくべきかは、今後人類にとっておそらくは最大最深の課題といってよいでしょう。

以上述べて来たように、人類は今や自然科学の異常な進歩によって、かえって人類の前途に対して一種深刻なる不安を生じつつあるといってよく、しかもそれは自然科学というものの性格上、何人もたやすくはその進歩を止どめ得ない――ということによって、一そうその深刻さを増大しつつあるといえましょう。即ちいかなる独裁的な権力者も、人類における自然科学の進歩に対して、これにストップ令をかけるということは、実に容易ならぬことだからであります。それ故それはたとえて申しますと、丁度ブレーキの利かない自転車で急坂を下るようなものでありまして、世にこれほど恐ろしくかつ戦慄すべきことはないともいえましょう。

さて、このように考えて来ますと、これまで人類の歴史は、無限に進歩するもののように考えられて来たこと自身、その根底がぐらつきかけたと言ってもよいでしょう、実際十八世紀には、人類の社会は時と共に無限に進歩するかのような安易な楽観論が、手放しで行なわれていたのであります。そしてその惰性は、今世紀に入ってからも尚多少は尾を引いていたといってよいでしょう。そしてその点は、マルクス主義においても、そうした一種のオプティミズムが支配しているともいえますが、しかし第一次、第二次という、二度に及ぶ世界大戦の結果、ようやく人類には、人類社会の前途に対して、一種のかげりが射し初めたと言ってよいでしょう。そしてそれは、これまで世界において先進国としての誇りを持っていた西欧諸国において始まったのでありまして、これは当然といえば、まさに当然の結果といってよいでしょう。そしてそこには、かつてシュペングラーが「西洋の没落」を予言したことが、単なる予言ではなくて、今や現実の上にその兆しが見えそめて来たというわけであります。

しかしながら、これまでわたくしが自然科学の進歩による弊害と考えて来たのは、主として人間以外の物的側面に生じた事象について述べたわけですが、しかしそれら以外にも、さらにそれらが人間自体の上に及ぼしつつある影響もあるのでありまして、これが最近人びとによってやかましく問題にされ出した、いわゆる「人間疎外」の問題であります。もっともこの「人間疎外」というコトバは、元来ヨーロッパ語の訳語ですから、皆さん方にはたしてどの程度実感として受け止められているかどうか問題と思いますが、今わかりやすく申すとすれば、これはわれわれ人間が、今や人間としてあるべき本来の相から逸脱させられている――というほどの意味でありまして、それは言い換えますと、機械文明の過度の発達のために、かえって人間のほうが逆に機械から圧迫され、機械に隷属せしめられるようになって来たことをいうのであります。即ちわれわれ人間が、はじめて機械というものを発明した最初の目的は、それまで人手によって作られていた品物を、機械の力を利用して人間が一つ一つ手で作っていた時よりも、はるかに楽な労力によって、しかも生産される物のほうは幾百倍、否、時には幾千倍という巨大数の生産が可能になったわけですが、しかしそれがやがて極限に達するや、逆に機械のほうがその巨大な力を以って人間を圧迫して、ついにはわれわれ人間も機械の一部ででもあるかのような状態に陥りつつあるのが、現在、人びとが、「人間疎外」というコトバによって、表現しようとしている現象といってよいでしょう。

以上わたくしは、「人間疎外」とは、われわれ人間が、その人間たることの本来から逸脱せしめられて、人間が機械を使うのではなくて、逆に機械による人間支配が始まって、ついには人間そのものが機械の一部にされつつある現状をいうのだと申しましたが、ではそれは具体的には一体どういうことかといえば、たとえば「流れ作業」というものにおいては、人間は自分が担当させられているホンの一部分の無味単調な仕事を、終日やらされるわけでありまして、その仕事は、巨大な機械の極微の一部分だとしたら――たとえばある種のネジをはめるような仕事の場合には、その人は完全に機械の一部分にさせられているといってよいでしょう。しかもさらに悲惨なことは、その人自身には、現在自分がつくっているネジが、全体の機械において、一体どのような役目を果たしているかさえ、知らずにいる場合が多いのでありまして、ここに到っては、まさにこれほどの悲惨事はないともいえましょう。すなわち人間自身が、完全に巨大な機械の部品に化するわけでありまして、彼は夕方その仕事を終えて会社の門を出て、はじめて自由な自己の人間性を恢復するわけであります。しかもその時には、すでに終日そうした機械的な労働のために疲れはてて、かりに人間性を恢復したとしても、そうした人間的自由を生かす余裕は全く無いのであります。否、都会地の会社などでは、昼夜三交替制の仕事に従事している人も少なくないのであり、随って上に述べたような人間の機械化は、さらに残酷になるわけであります。ご存じのように、昼夜三交替制の生じた最初の原因となったのは熔鉱爐の仕事でありまして、その場合一たん熔鉱爐の火が消えたとなると、それを元にもどすことは至難だからであります。

さて以上によって、本日わたくしが最初に題目として掲げた「歴史ははたして進歩するか」という問題が、必ずしも荒唐無稽な提言でないということがお分かりになったかと思うのであります。すなわち人類の歴史というものは、単に時さえたてば、無限に進歩するというようなオメデタイものではなくて、進歩もする代わりにまた退歩もするというわけであります。すなわちただ進む一方で、一切退歩の恐れがないなどと思うのは、人類の歴史を、まるでネジ仕掛けの機械みたいに考える、最もオメデタイ考え方といってよいと思うのであります。

そこで今、「人類の歴史ははたして進歩するか」という問題に対して、わたくしが答えようと思うのは、上にも申すように、人類の歴史は、ネジ仕掛けの機械とは違いますから、進歩もすると共に、また退歩の危険性も大いにありうるということであります。そして、いわゆる自然科学的文明というものは、自然科学というものの性質上、止どまるということの至難なものとすれば、一おう無限に進歩発達するわけですが、同時にその反面には前にも申すように、それによってわれわれ人間の自己疎外的現象はいよいよ増大し、深刻化する危険があるわけであります。そこで、どういうことになるかと申しますと、今後人類の歴史は、表面上からは、いよいよ発達する自然科学的文明の進歩によって、一見限りなく進歩するかのように見えつつ、その内的生活面では、われわれ人間はしだいに浅薄となり、多分に皮相化する恐れがあるかと思うのであります。

しかし、こうしたいわば消極面のみを強調しては、若い前途のある皆さん方に対して、お気の毒と思われますので、以上わたくしの申したことは、大局的には必ずしも間違っているとは思いませんが、しかし一おう現在の処では、一つの重大な警告として、将来人類の努力すべき方向としては、全人類の生活の上に、偉大なる調和を実現するように努力すべきだということでありましょう。それというのも、人類の現状は、必ずしも十分に調和が実現せられているとは言い難いからであります。否、そればかりか、人類は原爆の出現によって、今や一触即発の状態に置かれているのであります。以前は危険な状態を、「噴火口上の舞踏」にたとえましたが、今や人類の危機はそれどころではなく、まるでピストルの引き金に指をかけているような状態でありまして、いつそれが発射するか分からぬ状態といってよいでしょう。しかも原爆発射のボタンを握っているのは、米ソ両国における最高の支配者数人に過ぎないということであります。ですから現状では、全人類の運命は米ソ両国におけるわずか数名の人間の手中に握られているわけでありまして、このような不合理きわまりない現状を、どうして「人類の進歩」などといえるでしょうか。そしてそれは結局、この地球上に人為によって国境というものが設けられている処に、その根本原因はあるといってよいでしょう。今やわれわれ人類は、月にまで達したといって有頂天になっていますが、しかも月から見た地球は、青くて実に美しかったといわれているその地球上では、まだ人為的な国境すら撤廃されないでいる現状であります。

ところが、以上わたくしの申したことが、けっして単なる一場の杞憂でないことは、現在の自然科学的文明において、最も大きな比重を占めているいわゆるエネルギー源は、ご承知のように石油ですが、しかも肝心の石油自身が、いまや無尽蔵でないばかりか、今後セイゼイ数十年にして無くなると言われているのであります。そして今やその主要な産油国たるアラブ諸国によって、その輸出が世界的に制限せられ出したことは、ひとりわが国のみならず、世界的にも重大な衝撃といってよいでしょう。石炭の如きはそれに先き立ち、すでにほぼ掘り尽したわけですが、今や数十年後にはその石油も無くなる日が来るわけであります。こう申すと皆さん方の中には、「しかし、石油が無くなれば、次には原子力が使用せられるから――」と楽観的に考える人もあろうかと思いますが、しかしかりに原子力を使うとしても、今や専門家たちは、その廃棄物の処理の至難な点について、その心痛が止まないようであります。そして今や残されているエネルギー源としては最後には太陽熱とか、地球の地熱の利用法などが考えられ、今後はこれらに対する開発の努力が為されると見てよいでしょう。

先ほど来申して来たように、わたくしには、「歴史の進歩」という問題は、安易にこれを肯定しかねるのでありますが、しかし今後人類の歴史において、もし「進歩」というものが考えられるとしたら、それは従来のような単に物質文明のみの、異常な跛行的進歩ではなくて、人類全体の上に、物・心相即的な「一大調和」がもたらされる時期だろうと思うのであります。それには、さし当ってまず国境の撤廃が必須不可欠の条件と思うのですが、しかし現状では、それが果たしていつの日実現するといえるでしょうか。わたくしの考えでは、おそらくその前に人類は、前に述べた資源の涸渇という難問と共に、今ひとつそれにもまさる深刻な難問として、「食糧不足」という絶大な難問に当面せしめられることでしょう。そしてこの二つの全地球的な難問を、いかにして越えるかという最後のど端場においてわれわれは、この国境線の撤廃という人類史上かつてなかった新たなる「世紀」を迎えることになるのではないかと思うのであります。同時に宮沢賢治が、その「農民芸術論綱要」の中で言っているように、「人類のうち一人でも救われない人間のある以上、人類の真の幸福はありえない」という「新たなる世紀」への序曲は、その辺から始まるかと思うのであります。

（先生、感慨深い面持ちで一礼の後、静かに壇を下りられ、校長先生と共に退場された。）

第十一講——人間の生き方をもとめて

例により道服姿の名児耶先生をお迎えする。今日はどういうお話をされるかと思っていたら、黒板へ書かれた題目が「人間の生き方を求めて」とあったので、みんなかたずを呑む思いで心の緊張を覚えた。

一夜灯前涙留まらず
湿しつくす永平古仏の録（正法眼蔵のこと）
翌日隣翁草庵に来りて
我に問う、此の書なんすれぞ湿《しめ》りたるかと
道《い》わんと欲して道《い》えず心うたた苦し
心転《うた》た苦しく説くも及ばず
低頭やや久しうして一語を得たり
夜来雨もりて書笈《しょきょう》を湿せりと

良寛

もうこの辺まで来ますと、皆さんにはこの詩の大要は大体お分かりでしょう。すなわち「ある夜のこと、灯火の前で道元禅師の書物を読んでいたところ、感慨ふかくて涙が留まらず、ついに肝心の書物が涙で湿ってしまった。ところが困ったことに、その翌日隣りの老人がやって来て、「どうしてこの本は湿ったのかね」と尋ねられた。だが、まさか本当のことも言えないので、困り抜いたあげくのはて、苦しまぎれに、「イヤ、夕べ雨漏りがして、本を入れておいた笈《おい》が湿《ぬ》れてしまってさ」と言っておいた――と。

この詩によって、自らを風顚と言い、子どもたちと手まりをついたり、隠れん坊をして遊んだ良寛の背後というか、人知れぬその心の深さの一端が分かるといえましょう。

さてわたくしの話も、いつしか十回すんで、今日はすでに十一回目ということになりました。ところで、最初にも申したと思いますが、わたくしの話の根本は、結局われわれ人間は、この二度とない人生をいかに生きるべきか、という問題、つまり広い意味での人生論ということが、その中心のネライといってよいわけです。ところで、そのように人生論についてお話するとして、一体どういう順序や仕組みで話を進めたものかと、色々考えたあげく、一つの試みとして、最初十回ほどは、人生論の大体の見通しというか、輪郭についてお話し、それから以後は、そうした大体の骨格を踏まえた上で、一つ一つ具体的な問題を取り上げてみたらと考えたのであります。つまり最初に大体の見取り図を掲げておいて、それからボツボツ実地の歩みを始めようという計画なのであります。

そういうわけで、前回までお話してきた事柄は、わたくしの考えている人生論の、いわば大まかな骨組みみたいなものでありまして、これから一歩一歩実際の肉づけに取りかかるわけであります。それ故、今後とり上げる問題は、これまでのような比較的理論的な問題は少なくなり、それに反して具体的な、日常生活における実際問題が多くなろうかと思います。もしそうしないで、単に理論的な問題だけでは、人生を生きる真の力とはなりにくいからであります。

そこで今日はその手始めとして、最初に題目にも掲げたように、先ずわたくし自身の専門ともいうべき「人間の生き方」の問題についてお話してみたいと思います。と申すのも、いずれ改めてお話するつもりですが、お互い人間というものは、それぞれ自分の受け持ちというものがあるわけですが、とくに男子の場合は、その専門によって、自分の存在を確立し確保するといってよいのであります。ですから、もし男子でありながら、これという専門の仕事がないというんでは風来坊であって、一種のならずものといってもよいでしょう。

では、そうした意味からいって、わたくしの専門は一たい何かという問題ですが、わたくしは大学では「哲学」を専攻しましたから、一おうは哲学がわたくしの専門といってよいわけです。しかしながら、わたくしはまだ自分を「哲学者」だというほどに、厚顔ではありません。何となれば、哲学を専攻したということと、哲学者ということとは、相似て実は千万里の相違があるからであります。もっとも、こう申しても皆さん方には、わたくしの申していることの真意は、よくお分かりにならないと思います。そしてそれは、まったくムリのないことであります。と申すのも、大学で哲学を学んだということなどは、「哲学」という学問の門前を、バスで通り過ぎたという程度のことでしかないからであります。

そればかりか、一人の人が大学卒業後も、哲学の研究をつづけ、やがて大学に職を奉じて、学生たちに哲学の講義をするようになってさえ、厳密にいったら、真の意味ではまだ「哲学者」というわけにはゆかぬと思うのであります。と申しますのも、もしその人が真に「哲学者」と呼ばれるためには、その人自身が独自の哲学観に立って、独創的な哲学体系を樹立していなければならぬからであります。ですから、大学で哲学史を教えたり、あるいはカントやヘーゲルなどの紹介や解説的な講義などをしている程度では、真の意味において、「哲学者」と呼ぶわけにはいかないのであります。

その点では、亡くなられた先師は、天成の卓《すぐ》れた素質をもたれて、「哲学者」というにふさわしい方でしたが、不幸にして独創体系を発表せられることなくして逝かれたのでありまして、実に遺憾至極なことであります。そこで先師のように、独創的な哲学観を持っていながら、それを学問体系として結晶せしめなかった人は、哲学者というよりも、むしろ「哲人」というほうが応わしいと思いますが、しかしその場合には、よほど卓越した識見を持った人でないと、そうは言えないわけでありまして、こういうコトバの当てはまる人は、一つの民族においても、一つの時代にそう幾人はないのであります。否、それは「哲学者」というコトバの真に当てはまるような人が稀有なのと同様であり、あるいはそれ以上に稀有というべきでしょう。

さて、少々前置きが長くなりましたが、先にも申したように、わたくしは大学では哲学科に入ったのであります。そしてそれは、哲学という学問を修めたら、人生の意義がわかり、人間としての生き方も教わるだろうと考えたからであります。ところがどうでしょう。そういう考えで大学の哲学科に入ってみたのですが、一旦哲学科という処へ入ってみましたら、わたくしが求めていた「人生の意義」だとか、

「人間の生き方」などという問題については、少しも教えられなかったのであります。こう申しますと、皆さん方は、さぞかし不思議に思われることでしょう。「そんな事のあるはずがない」と。しかし正直に申して、大学の哲学科というところでは、「人生の意義」だとか、「人間の生き方」などという講義は全然無いのであります。そして講義の題目は、カントとかヘーゲル、そして現在ですと、ハイデッガーとかヤスパースなどというような西洋の、しかも多くはドイツの哲学者の学説についての紹介とか解説などが多いのであります。なるほど、カントやヘーゲル、ないしまたハイデッガーとかヤスパースなどという人びとには、その学問体系の根底に、この宇宙人生に対する根本的な取り組み方があって、そこにはその人なりに、この大宇宙における人間の運命とか使命というような問題が、それぞれ分かっていることでしょう。しかしながら、それらはあくまで専門家的な立場にたったものでありまして、とうてい普通一般の人びとには分かりっこないのであります。それどころか、実はこれらの人びとの哲学説を講義している大学の先生たち自身が、はたしてどの程度自分の世界観や人生観を持っているといえるか、どうも疑問といってよいでしょう。否、わたくしの考えでは、それら大学における哲学の先生たちも、そういう点については、一向わかっていない人が大方だろうと思うのであります。では、どうしてそういうことを言うかと申しますと、もし大学の先生たちに、それら西洋の卓《すぐ》れた哲学者たちの哲学説がほんとうに分かって、真に自分のものとなっていたとしたら、その人はそれを養分として、必ず自分の世界観人生観を打ち出しているはずだからであります。然るにそういう人が無いということ自体が、先ほど来わたくしの申すことが間違いでない証拠といってよいでしょう。

さて、以上のようなわけで、わたくしは京都大学に三年、大学院に五年と、合わせて八年も学んだのでありますが、「人生の意義」とか、「人間の生き方」というような、わたくしの求めた人生の根本問題については、何一つ教わらなかったのであります。そこで、どういう事になったかと申しますと、「もうこの上は自分で探し求める他ない」という心の腰がすわったわけであります。と申しますのも、わたくしが京都大学の哲学科に学んだころには、世界的な哲学者といわれる有名なN博士もいられたのでありますが、それでも「人生の意義」とか「人間の生き方」というような事柄については、少なくとも直接的には、何ら教わるところはなかったのであります。それはN博士の場合、そうした問題に対して何ら関心が無かったわけではないでしょうが、しかし生涯をかけて取り組まれたのは、そのような問題に対する根本的な理論的基礎づけに、その主要な関心と努力が向けられていたせいでしょう。

それ故、それほどリッパな哲学者の講義を、しかも大学院まで行って、前後八年間という永い間聴いても、わたくしの求めた「人生の意義」ないしは「人間の生き方」という問題については、何ら得るところが無かったのであります。同時にそれによってわたくしも、「こういう人生の根本問題は、これを他人から教わるわけにいかないものだ」ということが、ようやくにして分かりかけたのであります。同時にまた、「哲学」というような名前のついた書物を読んでみたくらいでは、こうした人生の根本問題など、とうてい分かるものではない——ということが分かったのであります。

では、それ以後わたくしは、一体どういう歩みをしたか、ということになるわけですが、それを具体的にお話するということになりますと、結局それは、わたくし自身の、少なくとも半生の「自叙伝」を述べねばならぬわけでありまして、このような時間的に限られた場所で、お話できる事柄ではありません。しかしこの際、どうしても申して置かねばならぬと思うのは、そうしたいわば人生の彷徨の間に、先師にめぐり会えたということであります。同時に、そこで初めてわたくしは、いわゆる大学での「哲学の講義」などというようなものでは、到底求めることの出来なかった、深い人生の真実というものを見る「心の眼」が開かれたのであります。随ってそれは、このわたくしにとりましては、まさに「第二の人生」といってよく、また「魂の開眼」といってよいわけであります。

では、わたくしが先師から教えられた色々な事柄のうちで、一ばん根本的な問題は、どういうことかと申しますと、それはすでにこの講話のはじめの処で申しましたが、「人生二度なし」という、人生の根本問題だったのであります。そして先師ご自身がこの点に目覚められたのは、確か三十三歳の時だったと、お聞きしたのであります。こう申しますと皆さん方の中には、「われわれのこの人生が、二度と繰り返し得ないものだというくらいのことは、自分たちはすでに小学生のころからチャンと知っていたのに、エライといわれる先生の先生が、三十三歳にもなるまでそれが分からなかったというのは、実におかしなことだ」と考える人もあろうかと思います。それゆえ念のために申しますが、先師がこの「人生二度なし」という人生の根本真理にはじめて目覚められたというのは、皆さん方が「分かった」とか「分かっていた」という場合のような、皮相な表面的な分かり方ではなくて、真にいのちの底に徹して分かられたということであります。随ってそれ以後は、先師のおコトバによりますと、「いつもこの真理が心の奥底にあって、少なくとも日に二、三回は思い浮かぶようになられた」ということであります。即ちわれわれ人間のこの一生というものは、二度と繰り返し得ないものだから、ボンヤリしてはいられないというお考えが、ほとんど毎日のように、先師のお心の中に、思い浮かべられるようになられたというわけであります。

では、先師からこのような人生の最大最深の真理を教わったわたくし自身は、どうだったかと申しますと、それをはじめてお聞きした時の驚きは、何と形容したらよいでしょうか。まるで自分の立っていた地盤が突然陥落して、奈落の底へ投げ込まれたような驚きだったのであります。それまでのわたくしは、自分がいつまでも生きられるものででもあるかのように、ボンヤリとそんなに考えていたウカツさだったのであります。もちろんわたくしとても、「人間は死ぬものだ」ということを、全然知らなかったというわけではありません。というのも、それまですでに、幾人かの親しい人の死に出逢っているからであります。しかしながら、この「死」という絶対的事実が、いつ何時この自分にも訪れるか知れないとは、正直にいって、切実には感じていなかったのであります。それにその頃は、近ごろのように、まだ交通禍やガンなどという問題も、現在ほどには騒がれなかった時代でしたから、親しい人びとの「死」に出逢っていながらも、しかも「死」が何時わが身に訪れるか知れぬということについては、深刻には想い到らなかったのであります。それが先師を知ることによって、初めてこの人生最深の根本的真理を、深刻に教えられたわけであります。ですからこの点において、先師はわたくしにとっては、文字通り魂の「開眼」の師であり、また実に「生涯の師」でもあるわけであります。わたくしがはじめて先師を知ったのは、二十五歳の年であり、そして先師との永訣は、わたくしの三十二歳の年でしたから、わたくしが直接先師に師事したのは、わずか七年間に過ぎませんが、しかしこの七年という歳月の間に、わたくしは自分の人生の生き方に対する根本態度と、その方向とを教えられたのでありまして、わたくしが先師を「生涯の師」と呼ぶのも実にこの故であります。

しかもこの「生涯の師」という感じは、三十二歳で先師と永訣することによって、自来いよいよ深まって来たのであります。お互い人間というものは妙なものでありまして、その人が生きていられる時よりも、その方が亡くなられて、もはやこの世で二度とお目に掛れないという時期になって、はじめてその人を憶う心情は、いよいよ深く切実になるのでありまして、先師に対してはひとしおその感が深いのであります。もっともこれは、その人が人生を真実に歩まれた人の場合でありまして、普通の人の場合には、その人の肉体が消えれば、その思いも時と共にしだいに薄らいでゆくのは、止むをえないことでしょう。これに反して人生を真実に生きた人の場合には、その方の肉体が消え去った以後のほうが、かえって深く切実にその方のことが思われるというのも、結局はその人の内面に湛えられていた真実が、永遠なものだったからでしょう。即ちそれを掩っていた肉体の掩いが無くなりますと、その中に湛えられていた永遠の真実が、いよいよハッキリしてくるわけであります。

わたくしにとって、先師とは実にこのような方だったのであります。しかもこの二度とない人生において、このような方にめぐり逢うことが出来たということは、わたくしにとって、実に何物にもまさる人生の至福といってよいのであります。同時にそのお蔭でわたくしは、人さまから自分の専門について尋ねられますと、それは唯一語「〝人生の探求〟こそわたくしの専門です」とお答えする他ないのであります。かくしてわたくし自身は、実に愚かな人間に過ぎませんが、先師に出会ったお蔭で、今やささやかながらも、「人生の探求者」の末席に身を置くことが出来るようになったのであります。では今日はこれにて――。

（名児耶先生が一礼の後、しずかに壇を降りて退室されるまで、満場あたかも水を打ったように、しわぶきの声一つ聞こえなかった。）

第十二講――人生への通観

例により道服姿の名児耶先生をお迎えする。前の週には「人間の生き方を求めて」というテーマで、求道につらぬかれた先生の半生の歩みについてお聞きしたが、今日のテーマは「人生への通観」と板書せられた。たぶん前のお話の展開であろう。なお次の良寛の詩を書かれた。

生涯身を立つるに懶《もの う》く
騰《とう》々天真に任《まか》す
嚢《のう》中、三升の米
炉辺一束《そく》の薪《たきぎ》
誰か問わん迷悟の述
何ぞ知らん名利の塵
夜雨草庵の裡《うち》
雙脚等間に伸ばす

良寛

さて、これまでわたくしは、良寛という人の一端を知って頂こうと考えて、はじめ短歌から入り、ついで漢詩の幾つかをご紹介して来たわけですが、しかしそれらの詩を通して、はたしてどの程度皆さん方の心の中に、この良寛という比類稀な卓《すぐ》れた詩僧の人間像が、描かれるようになったか分からないわけです。

そこで今日は、たくさんある詩の中で、たった一つで、比較的よく良寛の人間像の伺える詩を選んでみたのが、この詩であります。多少意味のハッキリしない言葉はあっても、それに引っかからないで、朗々と声を出して詠んでみられるのが良いと思います。そうしますと、良寛という人の全容が、おのずから雰囲気の中に浮んで来ましょう。

しいて大意を申せば、「生まれつき立身出世というような世事にうとく、悠々として天性に従って生きて来た。袋の中にはわずかの米があるだけ、そして炉辺には薪の蓄えとてないこの身。だがもうこうなると、名利の事などはもちろん、迷いだの悟りなどという問題さえ無用な沙汰で、夜雨のしとしと降る音を聞きながら、横になってノンビリと両脚を伸ばそうよ」とでもいう程の意味かと思われます。

この詩の中では「騰々」という言葉が一ばんむつかしく、説明したらかえって味わいが無くなってしまう言葉なのです。悠々といっても悪くありませんが、しかし「悠々」といったんでは、その高朗な趣きが出ませんからね。なお「天真」とは、天から授かった自分の本性とでもいうほどの意味でしょう。

さて前回には、わたくしの今日まで歩んできた道は、結局この二度とない人生をどう生きたらよいか、という「人生の生き方」を求めての歩みだったということのあらましをお話したつもりであります。わたくしたちは、物を一つ買うにも、自分の気に入った品物を探し当てるためには、かなり心を使うといってよいでしょう。たとえば時計や靴などを求めるにしても、まずどの店で買ったら良いかということからして考え、時には友人たちにも相談するでしょう。そしていよいよどの店で買おうと決心しても、さてその店に行ってみて、色々な品を出されますと、自分があらかじめ考えていたのとは、違った品を求めることになる場合もありましょう。

ところが、それらと比べる時、この二度とない人生をいかに生きるか、という人生最深の問題に対して、わたくしたちは一体、どの程度それに対して心を使っていると言えるのでしょうか。もっとも皆さん方にしたところで、イザ試験となれば、かなり前からその準備にとりかかり、とくに試験中などは、みんな夜更かししてまで取り組まれることでしょう。しかしながら、自分がこの二度とない人生を一たいどう生きたらよいか、人生はどのように生きたら、この地上に「生」を受けた甲斐があるか――というような、人生の根本問題に対して、わたくしたちは、はたしてどの程度真剣に考えているといえるでしょうか。この点になると、相当真面目といわれているような人でも、意外なほどウカツに過ごしているのではないでしょうか。それ故わたくしも、こうした人生最深の問題について、お話する機会を与えられたことを、心から感謝している次第であります。

ところで、わたくしたちのこの人生というものが、二度とくり返し得ないものだということは、すでに度たび申してきた事柄でありまして、人生問題について考える場合、これが最大最深の根本問題だということについては、おそらく皆さん方にしても、大して異論はあるまいと思います。しかしながら、われわれがこの二度とない人生を実際に生きてゆくについては、それが如何に根本だからといって、唯それだけで済むとは言えないわけであります。それというのも、これは人生の真の全体観であると共に、また実に人生を生きてゆく上での最も根本的な心構えでありますが、しかしわたくしたちが実際に人生を生きてゆくには、この他にもまだ色いろと大切な事柄があると思うのであります。

では、それは一体どのようなことかと申しますと、一方からは、できるだけよく人生の見通しを立てると共に、今一つは、日々の脚下の実践に全力を傾けるということであります。しかもそうした脚下の実践に対して、どれほど深く、かつ真剣に取り組むかということは、実はその人自身の人生の見通しが、どれほど遠くまで見通しているか否かによるといってよいと思います。ですから一番ヒドイのは、いわゆるその日稼ぎの生活といわれるもので、それはその日にどうしてもしなければならぬ事柄の最小限を、何とかお茶を濁してゆくという生き方でありまして、それ以上に見通しを立てて、計画的に事を処理するということのない生き方でありまして、それ以上に見通しを立てて、計画的に事を処理するということのない生き方であって、こうした生き方こそ、いわゆる「酔生夢死」と呼ばれるものであります。

しかしこのような人は、あったにしても比較的少ないわけでありまして、あなた方のように、学生生活をしている人の多くは、大てい一週間単位で仕事を考えてゆくが、それ以上のこととなると、それほど考えない人が比較的多いともいえましょう。もっとも学生時代には、この程度の生き方でも、マア何とかすませるかも知れませんが——。（笑）ところが、それより少しましな生き方ということになりますと、それは先ず一ヵ月単位で物事を考える人だといってよいでしょう。これは先の一週間単位で生きている人に比べれば、多少はましな人といってよいでしょう。そして多少とも責任の地位にある人となりますと、最低この程度の生き方はしているわけでありまして、現に皆さん方のうちでも、クラス委員とか、クラブ活動のリーダー格の人となれば、最低一ヵ月くらい先は見越して計画を立てていないと、満足には勤まらぬといってよいでしょう。

ところが、先生方となりますと、もう少し先を見通していられるわけで、少なくとも最低一学期という単位で仕事を考え計画していられるわけでありまして、そうしなければその職責は果たせないのであります。ところが、校長先生とか教頭先生などのように、一校管理の重責に当たっていられる方になりますと、学期単位だけでは足りないのでありまして、最低どうしても一年間の見通しは、いつも心の中になければならぬのであります。そして卓れた校長先生となりますと、ヤハリ三年程度の先の見通しを立てていられて、今年はそのうちどの辺までを実現しょうか、と考えられているわけであります。

さて、以上は、直接自分の仕事の責任という観点から、「将来の見通し」並びにその計画という問題について考えてみたわけですが、しかし今少しく観点を変えてみますと、たとえ皆さん方のように現実的な責任を負うことの少ない立場にある人でも、人生を真剣に生きるためには、今少し遠い展望をもつ必要がありましょう。たとえば皆さん方としては、この学校を卒業した暁には、大学へ進学するか、それとも就職するかという問題は、真先に当面する生涯の重大問題の一つであって、この点については、高校入学と同時に考えておかねばならぬ重大問題といってよいでしょう。ところが、大学への進学を高校二年の半ば頃になって、急にあわてて考えついてみたり、もっとヒドイ人になると、三年生になってから急に、「おれも大学へ行かなくちゃ」などというに至っては、まったく大ウカツという他ありません。（一同大笑）それというのも、ひと通りの大学へ入るには、少なくとも高校入学と同時にその見通しを立てて、三年間そのつもりで、ミッチリ勉強しなければならぬからであります。

これに反して、家庭の事情その他で、自分は大学への進学は断念するという人は、これも早くからそのつもりで、高校時代の三年間をできるだけ有意義に、充実した生活を送らねばならぬわけであります。たとえば、進学志望の人は、何といってもその勉強は受験のために制約せられますが、大学への進学コースを辿らぬとしたら、そういう人の勉強は、まったく自由であって、いかなる方面の読書をしようと、どこからも何らの掣肘《せいちゅう》も受けないわけですから、読書にせよ、スポーツにせよ、はたまた趣味の世界にもせよ、ある程度計画を立てて、全的解放の自由感を満喫されるがよかろうと思います。

しかしながら、以上申しただけでは、わたくしが今日「人生の通観」という題目を掲げた意図からすれば、まだホンの序の口に過ぎないのであります。否、厳密にはまだ序の口とさえも言えないでしょう。何となれば、大学へ進学したにしても、それもまた学生生活の延長に過ぎないからであります。それ故今日わたくしが、とくに「人生への通観」という題を掲げましたのは、単に「人生二度なし」というだけでなくて、それを踏まえて、たとえ大まかにもせよ、できるだけ人生の見通しをつけ、そしてそれを心中深く抱きながら、日々脚下の実践にはげむというのが、この二度とない人生を生きる望ましい態度だと思うのであります。

ところがこのように、たとえ大まかにもせよ、人生について大体の見通しをつけることが大切だとはいえ、実際問題となりますと、それは仲なか容易なことではなく、一おうの見通しをつけることが出来るのは、今後十年から精々三十年くらいの間ではないかと思うのであります。たとえば、現在のあなた方の年令を、かりに十八才前後といたしますと、いっぱしの人間になろうと思う人は、少なくとも十年先の二十七、八才ごろまでの見通しはつけて生きるようでなければ、この二度とない人生も、結局は平々凡々に過ごす人と見てよいでしょう。もしそれを越えて、二十年も先まで見通して考えるとしたら、そういう人は、必ずやいっかどの人物になると見てよいでしょう。いわんや三十年先を、いつも心の中で考えているとしたら、それは一おう「非凡な人物」といってよいかと思います。

ところが、このように申しますと、必ずや多くの人々から反論が出されることでしょう。というのもわれわれ人間が、ある程度実感を以って見通しうる将来は、一おう最大限十年であって、それ以上に前途を見通すということは、とうてい不可能ではないかという反論であります。そしてこの反論には、わたくし自身も、一おうは同感なのであります。と申しますのも、人間が一おう実践的計画的な立場から見通しうる前途は、ヤハリ最大十年としたものだからであります。即ち今後十年間のあらましの見通しと計画というのでしたら、かりにその通りにはゆかないにしても、ある程度立てることができるからであります。しかるに二十年、三十年も先のこととなりますと、計画の立たないのはもちろん、見通しさえも至難といってよいからであります。

そこで、それでは人間というものは、どんな人でも前途の見通しは、十年程度でよいかということになりますと、それにはわたくし賛成しかねるのであります。何となれば、なるほどわれわれが実行という観点から、前途の計画を立てるのは、最長十年を越えることは至難だとしても、人生の大きい見通しとしては、ヤハリ二十年、三十年、否、時にはそれ以上の先までも見通しをつけているのが、いっかどの人間というものでしょう。少なくとも非凡な人とか、超凡な人物といわれるような人は、たった十年くらいしか先を見通していないなどということはないはずであります。同時にここまで来て一つの重要な問題は、では一体どうしたらそういう遠い前途の見通しをつけることが可能かという問題になるわけであります。

しかしながら、一見して至難とも思われるこの点に対するわたくしの答えは、案外簡単であると共に明白でもあります。ではどうすればそうした至難な事柄が可能かというに、それは要するに、先人たちの辿った歩みについて考えれば、ある程度不可能ではないわけであります。もっとも、こう申しますと皆さん方の中にも、「しかし将来社会の進歩は驚くべきものがあって、とうてい二十年、三十年、いわんやその先など分かるものではない」という反論が出ることでしょう。そしてその点については、わたくしも全く同感であります。つまり、わたくしの申したいことは、社会の前途に対する見通しは、一おう十年が最大限であって、それすら実際にはほとんど至難といってよいでしょう。とくに現在のように、ひとりわが国だけでなく世界全体が、未曾有の変革期にさしかかっている時代においてはそうであります。

ところが、われわれ一人一人の個人の前途ということになりますと、二十年、三十年さえも、多少は見当がつかぬものでもないでしょう。たとえば、皆さん方が今十五、六才として、二十年先には三十五、六才になるわけで、その頃になりますと、男の人はどういう仕事をしていても、中堅級の上位になりかけて、もし役所や会社などでしたら、係長クラスになっている人もありましょう。そして女の人でしたら、リッパな奥さんになって、子どもも、もう小学校から早い人は中学生もありましょう。同様に、三十年先もまたこの調子で考えるとしたら、大よその見当くらいはつくわけでありまして、この点社会の前途は一寸先は闇ともいえるのと比べますと、大へんな相違であります。ですから社会の前途が分からぬからといって、自分の将来に対して、大よその見通しをつけていないというのは、大ウカツといってよいでしょう。ところが学校時代は、いわゆる優等生といわれた人びとの中にも、案外こうした人が少なくないのであります。

ついでながら、では何ゆえ社会の前途は、容易に見通しにくいのに、個人の将来はある意味では、あらましの見当がつくかと申しますと、それは社会には始めもなければ終りもないが、それに反して個人の一生は、赤ん坊として生まれて、大たい八、九十年も生きれば、この世から去らねばならぬからであります。つまり人生には始終というものがありますから、そこからして人間の一生というものは、その人の賢愚のいかんに拘らず、大よその見通しというか見当がつくわけであります。ですから、先ほど来わたくしの申すように、実行的計画的な見通しとしては、最長十年としましても、人生の大きな見通しという点では、二十年、三十年先までも、あらましの見当はつけておくのが賢明というわけです。

しかしながら、そうした大観的な見通しをつけるには、ヤハリ何か物さしというか、標準になるものが必要なわけであります。そしてその一ばん典型的なものとしては、ヤハリ例の「論語」の志学章というものでしょう。即ち「吾十有五にして学に志し、三十にして立ち、四十にして惑わず。五十にして天命を知り、六十にして耳順い、七十にして心の欲するところに従って矩《のり》を踰《こ》えず」というのでありまして、人間の一生の最も精髄ともいうべき点を、これほど端的明白に示したものは、世界広しといえども他には見当たらぬと言ってよいでしょう。

しかしながら、これは主として学問とか修業という立場から述べられたものですから、皆さん方としては、この他にもさらに自分の好きな人物の伝記を読んで、それらの人びとの一生を、このように十五・三十・四十・五十・六十・七十という、十年刻みで測ってみた場合、果たしていかなる生き方をされたかということを研究されるがよいと思います。同時に、一般に卓《すぐ》れた人の伝記というものは、いわば真理をもっとも端的具体的に示すものですから、人はいくつになっても、自分の尊敬する偉《すぐ》れた人の伝記を座右に置いて、つねにそれを繙く必要があるといえましょう。

さて以上は題目にも掲げたように、人間の一生の見通しについて、そのあらましを述べたわけですが、最後にもう一度念のために、われわれが一応実践的計画的な立場に立って考える時、重要な意味をもってくる「時」の節《ふし》ともいうべきものについて考えて見ましょう。それについて、最初のもっとも短い「時」の目安は三日であって、その次は一週間というものでしょう。そして次はヤハリひと月というもので、つぎは三ヵ月というわけです。そしてその次は半年であり、そして一おう一年というのが、大きな〆括《くく》りになるといってよいでしょう。

ところで、一年の次はとなると、ヤハリ三年でありまして、古来「石の上にも三年」といわれるのもこの故です。そしてその次はとなると、ヤハリ五年というものでしょう。そして五年の次はヤハリ十年でしょうが、人と仕事によっては、その間に七年または八年という飛び石を置いて考える場合もありましょう。しかし結局は十年というのが、われわれの計画的実践の立場から考えた場合、一おう最大の見通しといってよいかと思われます。そして人生の「達人」といわれる様な人はもとより、たとえそこまでは行かなくても、いっかどの人物といわれるような人でしたら、必ずやそこには、上に申したような、一種の見えない「時」の物さしに照らして、自分のあゆみを考えながら、一歩一歩真摯に人生と取り組んでいる人と申してよいでしょう。

（先生例により板書をキレイに拭われ、一礼の後静かに壇を下りられ、やがて校長先生と退場された。）

第十三講 —— 運命の自覚

道服姿の名児耶先生は、例により校長先生のご案内で講堂に入られ、やがて壇上に立って一礼の後、今日のテーマと共に、次のような良寛の詩を書かれた。

花無心ニシテ招キレ蝶ヲ
蝶無心ニシエ尋ヌレ花ヲ
花開ク時蝶来リ
蝶来ル時花開ク
吾亦不レ知ラレ人ヲ
人亦不レ知ラレ吾ヲ
不シテレ知ラ従ウ二帝ノ則ニ一

良寛

初めにも申したように、良寛の詩は元来漢詩の形態で書かれていますが、それでは現在の皆さん方には、取りつきにくかろうと思って、これまで皆カナ交りに書き下して来ましたが、この詩なら原のままでも分かるだろうと思って、原形のままに書いてみたのです。それというのも、これをカナ交りに書き下したんでは、真の味わいが薄れると思うからです。皆さんにも、大たい読めるだろうと思いますが、念のためにわたくしが一度詠んでみることにいたしましょう。といって、先生朗々と詠まれる。すると高朗なリズムと詩の内容とがしっくり融け合って、満場が粛然として物音一つしなかった。

やがて先生は「いかがです。仲なか良い詩でしょう。これまでご紹介してきた詩も、それぞれ独特な味わいのある良い詩でしたが、この詩は、これまでの詩とは、いささかその趣きが違いましょう。花と蝶とが融合し、人と人とが融け合うという天地人生の至極境が、得も言われぬ閑浄にして、しかも朗明な手法によって表現せられていて、「さすがに」との感を禁じえないですね。

ちなみに「帝の則《ノリ》」とは、「天帝の則」というほどの意味で、これを仮りに現代的な表現にすれば、「宇宙の大法」とか「宇宙的秩序」とでも言うところでしょう。

さて前の週には、「人生への通観」と題して、わたくし自身、若いころから現在に到るまでの人生の歩みをひそかに心の中に想い浮かべながら、生涯に対する見通しという立場についてお話いたしましたが、今日は引きつづき、題目にも書いたように「運命の自覚」とでもいうべき問題について、いささかお話してみたらと思います。

ところで「運命」などというと、わかい皆さん方にも、どうもパッとしないテーマで、あまり歓迎せられないんじゃないかという気もいたします。そういう皆さん方の気持ちが分からんわけではありません。しかしだんだんお話してゆけば、分かっていただけると思うのですが、われわれ人間は、皆、それぞれ運命というべきものを背負いながら、それぞれの人生を生きていると思うのであります。ですから、もしこうした問題に対してウカツで、「自分には運命などというものは一切ないのだ——」と考えている人があるとしたら、そういう人は、わたくしの考えではどうも不幸だと思います。それというのも、前にも申すように、われわれ人間には、それぞれ運命的な事柄があるのに、それに気づかずにいるということは、大へんウカツな事だからであります。それ故、そのために思わぬ処で傷ついたり、あるいは行きづまりを生じたりするわけですが、それでもなおご本人は、それが自分の考え方の誤りから結果したとは気づかずにいるわけですから、まったく救いようがないわけです。

ところで「運命」などというと、わかい皆さん方には、あまりパッとしないどころか、中には「そんな消極的な考え方が大きらいだ」という人も少なくないことでしょう。しかしわたくしには、前にも申すようにこの世の中には、運命的とでもいう他ないような事柄が少なくないと思うのであります。たとえば、わたくしたちが、今ここに「人間として生きている」という事実そのものが、お互いに自ら意志してそうなったというわけではないでしょう。つまり、どうしてわれわれが動物や植物、さらには鉱物にならなくてすんだかということは、何らわれわれ自身の努力の結果ではありません。（笑う生徒あり）今わたくしが、お互いが動植物や鉱物にならなかったのは、われわれ自身の努力の結果、それが避けられたというわけではないといったら、皆さん方の中には笑う人がありましたが、しかしこれは、単に笑ってすまされるような問題ではないはずです。それというのも、われわれ自身が動物や植物、さらには鉱物にならなかったということは、絶対にわれわれ自身の努力のせいではないからであります。実際われわれ自身、単に外面的にながめたとしたら、地球上のいろいろな存在物の中の一種に過ぎないわけですから、そうした点からは、動植物はもとより、鉱物とても、根本的には何ら違うところはないともいえるわけであります。その証拠に、皆さん方は、現在わたくしの申すことを、ただ笑って聞いていられますが、しかし今後百年もたてば、お互いのすべては、灰や骨に化してしまうわけでしょう。ということは、つまりお互いにみんな鉱物に化してしまうということです。「今後百年たっても、オレはまだ人間として生きているんだ」と答える人は、ここには一人もいないわけですからね。（一同笑う）

さて、このように考えてきますと、だいいちわれわれが、ここに人間として生きているということ自身が、じつに絶大な神秘であり、不思議と言ってよいわけでしょう。もし皆さん方が、なぜ人間として存在することができるのか、今しいてその原因をいうとなれば、結局お互いの両親がみな「人間」であり、そのためにわれわれを「人間」として生んで下さったから——という他ないでしょう。ところが、そのご両親自身も、「今度はこういう子を生みたい」と意志した結果ではないでしょう。すなわち中にはまだ「子どもが欲しい」とも考えないうちに、何時の間にやら妊娠してしまった。そしてその結果、赤ん坊としてこの世に「生」をうけた——というわけでしょう。（多少笑うものあり）つまりそこには、両親の意志というようなものを越えて、大宇宙の絶大な力が作用《はたら》いているのであります。つまり両親の中には、もう子どもなんか欲しくないのに——と思う人があっても、つい妊娠してしまうという場合さえ少なくないのですよね。（一同爆笑。先生も微笑されながら）しかしこの点こそ実は大事な点でありまして、絶対に笑ってなど済まされる事柄ではありません。それというのも、われわれ人間の生命が、この地上に出現するためには、一おうその直接的な原因と思われる両親自身も、いかんともし難いような大宇宙の絶大な力が、人間の夫婦を通して作用いた結果だからであります。随ってこれは、単なるわれわれ人間の相対知によっては、十分には分からない大宇宙の「絶大なる神秘」と言ってよいわけです。随ってそれはまた、多少観方を変えれば、「運命」とも言えるわけであります。

さて以上わたくしは、われわれが人間としての「生」を享けて、この世に生まれて来たこと自身が、実に絶大なる奇蹟であり、神秘だということを申したわけですが、しかしこれは事柄の余りな巨大さと深遠さのために、通常これを「運命」とは言わないようであります。それというのも、「運命」というコトバには、できる事なら何とかそれから逃れたいが、しかし事実としては、どうしても逃れられぬ――という場合が多いようですが、その点人間というものは、動植物や鉱物などとくらべれば、段違いに恵まれていますから、自分が人間として生をうけたことに対して、これを運命とは言わないわけでありま す。

ところが一歩をすすめて、同じく人間とはいっても、白色人種、黄色人種、または黒色人種ということになりますと、そこには先の「人間一般」という立場とくらべる時、はるかに運命的という感じが強くなって来ましょう。たとえば日本人は黄色人種であって、われわれが黄色人種の一員として生まれて来たという事実は、まったく運命的な事柄であって、如何ともすることのできない事柄であります。そしてこの事は、お互いに自国の中にいる間は、何らそれと意識しませんが、ひとたび国外に出て、とくにアメリカとかヨーロッパというような、白人本位の国に、ある期間滞在することになりますと、自分は黄色人種として生まれて来たんだ――という運命を、イヤというほど痛感せしめられるようであります。

否、そればかりではないでしょう。というのも、一口に黄色人種といっても、そこには色々な民族があるわけでありまして、たとえば中国人とか朝鮮人、ベトナム人、ビルマ人（現ミャンマー）等々、その他挙げ出したら際限のないことであります。ところが、そうした色々な黄色人種の中にあって、お互いは日本人であって、それ以外のものではないわけです。しかもこの事自体、また一種の運命的な事柄といってよいわけです。つまり、前にも申すように、われわれとしては、自分が人間として生まれて来たこと自身が、運命的な事柄であるばかりでなく、その中で黄色人種として生まれ、さらに進んでは、同じく黄色人種の中でも、日本人すなわち「日本民族」の一員として、この世に生を享けたわけですが、しかしお互いに誰一人として、「ゼヒ日本人に生まれたい」と意志したから、日本人に生まれたという人はないのでありまして、こうした事もよく考えてみれば、ハヤリ運命の一種といってよいかと思うのであります。否、絶対に運命という他ないのであります。それというのも、皆さん方のうちに、将来米国に行ったり、あるいは、ある期間彼の地に滞在することになったとしたら、一方では自分が黄色人種の一員であって、白色人種でない——ということを痛感せしめられる場合が少なくはなく、そこに一種の運命的なものを感じさされるでしょうが、同時にまた他の反面、なるほど自分は黄色人種の一員ではあるが、しかし朝鮮人や中国人ではない、ということを痛感する場合も少なくないだろうと思います。

しかし、このように申しても、まだ皆さん方には「運命」という実感はあまりしないでしょう。それというのも、この「運命」というコトバには、自分がそれを変えようとして、どんなにもがいても、「どうにもならない」という一種の見えない絶壁にぶつかることによって、初めて痛切に感じる事柄だからであります。随ってそれは、自分より優越した存在、ないしは自分と同等な存在と相対した場合に、はじめて痛感せしめられる事柄だと申してよいでしょう。ですから、アメリカに行って白人社会の中で暮らすとか、あるいは同じくアメリカでも、西海岸地方の華僑のたくさんいる地域で、何か商売でもしていたとしたら、良きにつけ悪しきにつけ、ヤハリ自分は「日本人」だということを痛感させられて、時どき運命的という実感を味わうことでしょう。

しかし皆さん方の中には、現在こうした経験をしている人は、一人もないわけですし、また将来とても、こうした経験をする人は、あまり多くはないでしょう。ところが、ひとたび観点を変えて、男女ということになったら如何でしょう。そこにはたちまちにして、如何ともできない深い運命的なものを感ぜずにはいられないでしょう。ひとしく人間でありながら、自分が男に生まれて女ではないということ、また反対に、女であって男子ではないという事実は、まったく運命的な事柄でありまして、こうした点になりますと、一人の例外もなく痛感されることでしょう。なるほど、それをどれほど強く運命と感じるか否かは、人によってそれぞれ程度の差はありましょう。しかしとにかくわれわれ人間が、同じく人間でありながら、男女のいずれか一方であって、他方ではない——ということは、たしかに運命的な事柄と言ってよいでしょう。

もっとも、それを「運命的」と考える程度は、人によって違うことは申すまでもないことですが、しかし男女のうちでは、女子のほうが運命的と感じる場合が多少は多いかと思います。そしてそれには、色いろその原因が考えられましょう。たとえば「男女同権」といっても、まだ日本の社会には、旧い男尊女卑的なものが残っているということも、その一因と言えましょう。しかしそれのみではないと思います。それというのも、現在わが国の教育は男女共学制を採っていますが、しかし男女は、もともと生理的にも心理的にも、色々な相違があり、そしてそれは、この世における男女の分担が大きく違っている処から来るわけですが、それが皆さん方のような若い年ごろの人には、まだ実感としてよく分からず、そのために一種の不満感となり、そうした点から運命的な感じをもつ人もないわけではないでしょう。

このように男女両性の区別というものは、ある意味では、人間界における最大最深の問題かと思いますが、こうした事柄については、何時かまた改めて考えてみることにして、とにかく此処では、同じく人間でありながら、お互いにそれぞれ男女のいずれか一方としての限定をうけて、この世の「生」を享けたということは、まったく自己の計らいを越えたふかい運命的な事柄と申してよいでしょう。否、それは先にも申すように、皆さん方を生まれたご両親でさえ何ともし難かった事柄であって、まったく運命という他ないのであります。

否、ひとりそればかりでなくて、その人がどういう地方に生まれたかということなども、やはり一種の運命的な事柄ともいえましょう。たとえば、温暖な東海地方や近畿や山陽地方などに生まれたか、それとも山陰や北陸、さらには東北地方に生まれたか、というような事柄さえ、半ば運命的なものであるともいえましょう。何となれば、幼少年時代に、酷烈な寒さで鍛えられたかどうかということは、その人の一生の上から考えて、ある程度その影響がないとは言えないからであります。勿論かく申すのは、寒冷な地方に生まれた人は、みなしっかりしているが、温暖な地方に生まれた人は、みな意気地がないなどというわけでは決してないですが、しかしある程度影響のある場合がないでもないと思います。

こうした事を申せば、さらにそれぞれの人の生い立った家庭そのものが、どんな家庭かということなども、ひじょうに運命的といってよいでしょう。たとえば、その家の貧富の差はもとより、またその人の両親の気立てとか、さらにはその家族構成等々、一々あげ出したら、全く際限のないことになりましょう。勿論われわれ人間としては、そうした運命的なものを、いかに克服するかが重大な問題なことは、改めて申すまでもないことですが、しかしそれには先ず、自分自身がいかなる運命の中に生まれたか、そして今日までの人生の歩みにおいて、それに対してどのような対処の仕方をして来たかということこそ、ある意味では、人生論における最大最深の課題といってよいでしょう。

ところが、ふつうに人びとの多くは、とくに皆さん方のような若い方々は、「運命」などというコトバは頭からきらって、受けつけようとしない傾向があるようですが、しかしこれまで申して来たように、この地上には、ある意味では、運命的ともいえる事柄が意外に多いのであり、否、考えようによっては、むしろ運命的でないものは、ほとんど無いと言っても良いほどでしょう。もっとも、この場合「運命」というのは、自分の計らいによらないで、自己に与えられたもの――という程度の意味でありまして、それらに対して如何に対処するかということこそ、人間の生き方の根本眼目を為すと言ってよいでしょう。すなわち「人生論」において一ばん大切な点は、実はこの一点に集中させられるといってもよいわけであります。自分に対して与えられている色々な運命的な制約をハッキリと見定めた上で、如何にしてこれを克服するかという事こそ、人生を真剣に生きようとする人にとっては、実に最大にして最深なる課題といってよいかと思われます。

そこで来週には、一歩をすすめて、こうした問題について、多少お話してみたいと思います。では今日はこれで――。

（先生、例により板書をキレイに拭われ、一礼の後静かに壇を下りられ、校長先生と共に退場された。外には薫風が香っている。）

第十四講——超克の一路

名児耶先生は、今日も道服姿でお越しになり、やがて登壇せられて一礼の後、今日のテーマと良寛の次のような歌を書かれた。

国上《くがみ》山杉の下道ふみわけて我がすむ庵にいざかへりてん
恋しくばたづねて来ませあしびきの国上の山の森の下いほ
わが宿は竹の柱に菰《こも》すだれ強いて食《お》しませ一と杯《つき》の酒

あしびきの岩間をつたふ苔水のかすかに我れはすみ渡るかも
山かげの岩根もり来る苔水のあるかなきかに世を渡るかも

良寛

これまでわたくしは、皆さん方に良寛をご紹介するのに、最初の二、三回は、皆さん方にもよく親しまれている和歌から入り、次には和歌ほどには一般に知られていないと思われますので、その漢詩の紹介に主力を注いだのであります。それには良寛の詩は、和歌とはまた違った趣きがあって、良寛という人の内面の境涯がよく伺えるからであります。

そこで、この次にもう一回、「戒語」というものをご紹介して、良寛の紹介を打ち切りたいと思います。

そこで今日は、最後にもう一度和歌に帰ったわけですが、このうち私としては、特に最後の二首が好きで、実によく良寛の心境が詠まれていると思います。ですから皆さん方も、前週にご紹介した「花と蝶」の詩と共に、できたらこれら二首の歌は暗誦して頂けたらと思います。そして最後にもう一首だけ、わたくしの好きな歌を追加させて頂きましょう。と申すのも、次の一首は、わたくしの見るところでは、良寛の全短歌の中で、少なくとも格調というかしらべの高さという点では、たぶん最高ではないかと考えるからです。いわんや良寛の父の以南が、晩年高野山に身を隠して果てたという伝説さえあるにおいておやであります。

高野のみ寺にやどりて

紀の国の高ぬのおくの古寺に杉のしづくを聞きあかしつつ　（高ぬ＝高野山）

さて先週には「運命の自覚」と題して、普通には人びとが気づかずにいるが、われわれを取りまいている運命的ともいうべき色々な制約について、そのあらましをお話したのであります。そしてその際にも申したことですが、皆さん方のような若い人には、「運命」というようなコトバは、どうも喜ばれないらしいですが、しかしこの前にも申したように、われわれ人間がこの地上に「生」をうけて生まれ出るという時、そこには非常に多くの運命的なものが、十重二十重に重なり合っている中へ生まれ出るのであり、否、一人一人の人間が、それぞれ巨大な運命の渦巻の、それぞれの中心となっているとも考えられるほどであります。そしてそれはちょうど、クモがそれぞれ自分の巣の中心にいるようなものともいえましょう。もっともクモの場合には、巣はクモ自身がつくって、自分はその中心に構えているわけですが、人間の場合には、「運命の巣」は生まれ出る以前に、すでに他から与えられているのであります。では、一体何物がそのような「運命の巣」を、一人びとりの人間に対して、それぞれ違った形で与えるかということが問題だともいえましょう。そしてそれを、人によっては「社会」だといい、また人によっては、それを「神」だという人もありましょう。さらにまた人によっては、それを「大宇宙」だという人もありましょう。しかしそれらは結局、事柄を外側からながめていうのと、内側から見ていうのとの相違であって、根本的には違わぬともいえましょう。

ところで問題を一おう元へ返すとして、「クモの巣」の場合には、前にも申すように、巣はクモ自身が張ったものでありまして、他の昆虫類がそれに引っ掛るのを待っているわけです。ところが、われわれ人間の場合はそうではなくて、あらかじめ張りわたされた運命の網の中心に生み落とされるのであります。そこからして、それに対するわれわれの態度は、大きく二つに分かれてくるといえましょう。即ちその一つは、そのような「運命の網」は、いわば与えられたものであり、随ってわれわれは、それを如何ともすることができない——というふうに考える立場がその一つであり、今一つは、なるほどそうした「運命の網」は、神から与えられたものではあるが、しかしわれわれは、それに対してただ黙って縛られていないで、「神が自分に対してこのような〝運命的な網〟を与えたのは何故か。一体どうしたら、神がこれを自分に与え給うた主意に添うことができるか」と、自ら神の意志を忖度《そんたく》して、できるだけ神意に添うように生きる——という積極的な態度に出る場合との、二種があるわけであります。そして前のような消極的諦め的な態度を、ふつうには宿命論といい、後者のような積極的な態度を、運命論というのであります。随って運命論という場合には、必ずそれと対立する宿命論のあることをよく心得て、運命論と宿命論とを取り違えぬようにせねばならぬのであります。

そこで、こういうことになるでしょう。即ち前回に述べたような、色々な制約を、もしどうにもならぬものと考えて、消極的に泣き寝入りをしてしまうとしたら、それは明らかに宿命論というものであって、そういう態度は、じつは神の意志にも添わないと思うのであります。では何故このように申すかというと、神はわれわれ人間に、考える力と共に自由意志をも与えているからであります。随ってもしわれわれが、動植物や鉱物だったとしたら、われわれは自己に与えられたままの姿でいても、何らさし支えはなく、否、それが神の意志に添うものと言ってよいでしょう。しかしそれすらも、われわれ人間が、いわゆる「交配」とか「人工受精」というような方法によって、動植物の新品種をつくり出すということは、必ずしも神の意志に反することではなく、否、かえって神の意志により深く添うものともいえましょう。何となれば、神は動植物に対してさえ、一々その背後に無限の可能性を賦与していられるからであって、われわれ人間には、そうした動植物のもつ無限の可能性を洞察して、それを引き出すところの英知が、賦与せられているからであります。随ってこの方がより深く神の意志にかなうゆえんだと申したことがお分かりでしょう。

そこでまた真実の運命観というものは、自己にあたえられた運命に対して、「超克の一路」を拓くことを意味しているわけであります。何となれば、もしそうでなくて、ただ自己に与えられた「運命の網」に引っ掛ったまま、どうにも身動きが出来ないというのであれば、それは先に述べたように、厳密には宿命観であって、真の運命観ではないからであります。すなわち真の運命観は、一方には自己に与えられた種々の運命的な網の真唯中にありながら、やがてそれらを踏まえて、「超克の一路」を拓くことを意味するからであります。しかもそれこそ、真に神意に叶うものと思われるのであります。否、さらに具体的に申しますと、われわれ人間が、自己を中心として十重二十重に張り廻ぐらされている「運命の網」を破って、そこに「一路」を拓くには、人はその一歩一歩に、どれが一体自己に課せられた使命の道であろうかと、念々刻々、つねに神意に聞き、神意を推し測りながら進む――と言ってもよいからであります。すなわち先にも申したように、われわれが自分に与えられた、十重二十重の「運命の網」を突破して、そこに「超克の一路」を拓くことこそ、かえって真に神意に添い得るゆえんでありましょう。そしてそれは、神がわれわれ人間に英知と自由意志とを賦与し給うていることが、その最大の証拠と言ってよいでしょう。

ところが、このように考えてきた時、おそらく皆さん方には、一つの根本的な疑問が心に浮かぶことでしょう。それはどういう事かと申しますと、そのようにわれわれが、「運命の網」を突破することが、神の意志に添うものだとしたら、何ゆえ神は、そのように突破しなければならぬような、色々な制約にとり囲まれた網をわれわれ人間に与え給うたのか。むしろ最初から、そうした制約のない、つまり突破の必要などのないようにせられなかったのか――ということが問題であって、これは大へんむつかしい問題であります。宗教はとにかくとして、哲学でこの点を明らかにしている学説は、わが国ではもちろん、西洋でも非常に少ないと言ってよいようです。

では、この点に対するわたくし自身の考えは、一体どうかと申しますと、神はそれによって、この地上をより豊かにしようとされるのだと思うのであります。何となれば、もしこの地上に人間という存在が無かったとしたら、この地球の表面は、もっと荒涼としたものになっていたことでしょう。なるほど、大空の美しさや、満天の星座の美しさは、われわれ人間に関わりなく、その美を保っていることでしょう。しかしながら、あるいは荒れ地を耕してリッパな畑にしたり、さらには砂漠さえも灌漑によって沃野になりつつあるのは、ひとえに神がわれわれ人間に、英知と自由意志を賦与せられたからだと言ってよいでしょう。

しかしながら、以上は話を分かりやすくするために、主として自然界が、われわれ人間に賦与せられた英知と自由意志とによって、豊かにかつ美化されるゆえんについて述べたわけですが、同様のことはまた人間自体の上についても、やはり当てはまると思うのであります。というのも、われわれ人間は、もし最初から一切何らの制約もないようでしたら、かえって真剣にはなりにくいのでありまして、われわれ人間は、ある程度支障があり障礙のあったほうが、かえって真剣になるようであります。つまりある種の障礙が抵抗となることによって、かえって人はその潜在的エネルギーを発揮して、その突破を企てるのであります。すなわち何らの抵抗物もないところでは、われわれ人間に賦与せられている無限の潜在的エネルギーも、その発揮実現は困難だというわけであります。

もっともこの点についても、人によっては、神は何ゆえ最初からすべての人間が、その潜在的エネルギーが発揮できるようにしなかったのか――という疑問を抱かれる人もあろうかと思います。しかしそれでは、真に無限の豊かさが発揮されるというわけにはいかず、どうも機械的な対処しか出来ないといえましょう。それというのも、もしそんなだったら、この人の世も平板な味気ないものになってしまうからであります。同時にこのことは、たとえば人種の問題にしましても、かりに白人ばかりとか、または黄色人ばかりというのでしたら、この地上は、ごく単調なものになってしまうわけですが、色々と変化があり違いがあればこそ面白いのであります。

そこで、このように考えて来ますと、われわれ人間に、色々と不足があったり、不公平な面があったとしても、それを宿命として、即ちどうにもならないものとして、そのまま消極的に諦めてしまわないで、どうしたらそうした運命の重圧を突破することができるかと、千々に心を砕いて、これを突破することが肝要だと思うのであります。ところで、この点に関してわたくしは、皆さん方に一つの「黄金のカギ」をさし上げたいと思います。それは何かというと真に生き甲斐のある人生の生き方は、つねに自己に与えられているマイナス面を、プラスに逆転し、反転させて生きるということであります。すなわち初めから与えられたプラスというのでは、単調で、大した面白味もないわけです。そうではなくて、最初は大きなマイナスと考えられたものを、全力を挙げてそれと取り組むことによって、ついにそれをひっくり返して――この点こそわたくしが、先に「運命の網」の突破と申した処ですが――逆に輝かしいものにするのであります。

勿論その際、その人の持っている潜在的エネルギーの全発揮を必要とすることは、改めて申すまでもないことであります。勿論こう申したからといって、この世にあるもろもろの不合理なものを、そのまま肯定する意志は毛頭ないのであります。否、それは可能なかぎり、これを除去すべきは申すまでもないことであります。たとえば家が貧しいために、素質はありながら大学へ入れないというような不合理は、是正しようとすれば、いくらでも出来ることであって、それがいわゆる「政治」というものであります。しかしながら、いかに政治の力を以ってしても、すべての人を機械的に平等にすることは不可能な以上、われわれ人間は、自分の自覚と努力によって、自己に与えられたマイナス面に対し、渾身の力を揮《ふる》って、それをプラスに転換しなければならぬのであります。

ところが、このように「人間はすべて自己に与えられたマイナスをプラスに転じなければならぬ」と申しましても、その真意を十分に理解し難い人のほうが、まだ多いかと思われます。それ故その点について、今少しく突込んで申しますと、つまりマイナスはマイナスとしてこれを踏まえながら、渾身の力を揮《ふる》ってそこから脱しようと努力するのであります。そうしますと、そこにはまったく思いもよらなかった新たな面が、輝かしいプラス面として出現してくるのであります。一例を申しますと、あの「隠岐の学聖」と呼ばれる永海佐一郎先生にしても、貧しい漁師の未亡人の子だったために、旧制の松江中学を一年半しか行けずに退学され、その後現在の東京工業大学の用務員になられたのですが、たまたま加藤与五郎博士に見出され、やがて資格をとって越後の長岡の商業高校の先生となり、さらに東北大学の理学部に入学され、やがて卒業の後母校にもどられ、停年退職後は故里の隠岐に帰られて、つぶさに母堂への孝養の責めを果たされて、現在も無機化学の世界的水準の研究に没頭していられるのであります。このように永海博士の人生コースは、幾多のマイナス面を踏まえながら、それらを偉大なプラスに転換された最も典型的な人生だと思うのであります。わたくしは、今は亡き先師が永海博士とお親しかった関係上、今でもご交誼を頂いていますが、人として学者として、あのようにリッパな方を存じません。

さて以上において、わたくしの申したいと思うことは、不十分ながら一おう申し上げたかと思いますが、ただ最後に今一つ申したいと思いますのは、このように真実に生きた人の一生は、当の本人自身も、はじめは夢想だもしなかったような、新しく輝かしい局面が、次つぎに出現し、展開してくるのでありますます。随って真に人間らしい生活は、またこれを無限の創造性と言ってもよいのであります。すなわち当の本人自身も、全く予期しなかったような豊富な、かつ輝かしい人生コースとなるのであります。

ところで、最後に一言申し添えたいと思いますのは、本当の真人の中には、このような無限の創造的な人生を生きて来ながら、その人生の終り近くなりますと、今こうして自分の一生をふり返ってみると、それが如何に迂余曲折の転変多き人生コースだったにも拘らず、そこには何かしら、最初から神が予定せられていたものであるかのような感慨を持つ人が少なくないのでありまして、現に西洋の哲学者でいえば、ライプニッツの「予定調和説」などは、そういうものですし、またわが国でも、徳川時代の佐藤一齋とか広瀬淡窓などという学者も、ほぼ同様のことを述べているのであります。その他よく調べてみましたら、東西の卓《すぐ》れた思想家の中には、まだ他にもたくさんあるかと思うのであります。では、一面からは無限に創造的な生涯を送りながら、しかも当人自身には、少なくとも人生の晩年になると、それとは一見正反対の、否、それこそ天地ほども違うと思われるような、こうした一種の「前定論」というか、「予定論」というような考えに到達する人が少なくないのは、そもそも何故でしょうか。このような人生における最深の問題については、わたくし自身も、現在まだ十分にはお答えする力はありませんので、ここには何も申しませんが、しかし皆さん方に対して「生涯の課題」の一つとして、ここに提出するしだいであります。では、今日はこれで——。

（先生、例により板書をキレイに消されて、一礼の後静かに降壇され、校長先生と退場された。）

第十五講——両性の分化

今日も道服姿の名児耶先生は、例により校長先生のご案内でお越しになり、やがて壇上に立って一礼の後、今日のテーマと、良寛の「戒語」の一部をお書きになられた。

一　ことばの多き
一　口のはやき
一　とはずがたり
一　さしで口
一　手がら話

一　人の物いいきらぬ中に物いう
一　能く心得ぬことを人に教うる
一　物いいのきわどき

一　子ども（の）こしゃくなる

一　ことごとしく物いう
一　その事をはたさぬに此事をいう
一　人のはなしのじゃまする
一　親切らしく物いう

一　顔をみつめて物いう
一　さしたることもなきことをこまごまという
一　見ること聞くことを一つ一ついう
一　ひき事（例証？）のたがう

一　学者くさき話

一　好んでから（唐）言葉つかう　　一　風雅くさき話
一　都言葉などをおぼえ、したり顔にいう　　一　さとりくさき話
一　ゐなか者の江戸言葉　　一　茶人くさき話
一　くれて後、人にその事を語る　　一　人に物くれぬ先に、何々やろという

さてこれらの戒めについては、一々説明していては際限のないことですし、また皆さん方には、大してその必要はないかとも思われます。

「良寛全集」を見ますと、その「戒語」編には、七、八種もの「戒語」が載っていますが、しかしその内容は、いずれも大同小異といってよいのであります。しかも、その際驚かされるのは、それらのうちの大部分が、実に『言葉』についての「戒め」で占められているということでありまして、これはわたくしどもにとっては、深く考えさされることかと思うのであります。


さて以上は、その一部を抜き書きしたものでありまして、大体の意味は皆さん方にはお分かりと思いますが、二、三気づいたことを申してみることに致しましょう。

最初のところで先ず気づくのは、良寛は早口をきらったようであります。それというのも、早口の人というものは、軽率な人が多いからでしょう。同時に、静かにゆっくりした物言いの人は、概して物事に慎重な人が多いからでありましょう。

「さしで口」や「手がら話」の聞きづらいことは、皆さん方もつねに経験していられましょうが、同

時に次の「人の物いいきらぬ中に物いう」というのは、とかく我のつよい人に多いように思われますが如何でしょう。また「人の顔をみつめて物いう」とは、人によっては、何ゆえ良くないか分からぬと思う人もありましょう。それというのも、ふつう人に物をいう場合には、相手の顔を見て言うように――と教えられている人が多いからです。しかしこの場合、良寛の戒めているのは、「人の顔をキック見つめて物をいう」ことを戒められたものと解すべきでしょう。

次に、「くれて後、人にその事を語る」とは、土産物とかその他、人に物を贈ったあとで、「この名産はこういう処が特徴です」などと、自慢たらしくいわないということであり、また次の「人に物くれぬ先に、何々やろう」とは、「人に物を上げない先に、〝そのうちに○○を送りましょう〟などといわぬように――」という注意であって、そういう事を予め言ってしまうと、後で送るのがおっくうになり、送らねば先方の不信を買うからであります。

最後の四カ条は、何らの説明も不用でしょう。しかも相当な人が犯しやすいところに、この戒めの深い意味があるといえましょう。

さて、前々週に「運命の自覚」という題でお話した際、たしか男女の問題、即ち両性の性別という問題についても、多少は触れたかと思います。そして後日改めて考えてみることにしたいと申したつもりです。しかも意外に早く、今日がその日となったわけであります。と申すのも、この男性と女性という問題は、ひじょうに大事な問題であって、いやしくも人生の問題について、根本的に考えるとしたら、この問題を抜きにすることは、とうてい不可能だからであります。では何故そうかと申しますと、「何よりも人間こそ根本だ」といってみましても、結局は男女という両性の他ないのであって、そのどちらにも属しない人間というのは、きわめて例外的に半陰半陽といって、男女いずれとも決めかねる場合もないわけではないようですが、しかしそうした例は、それこそ例外中の例外であって、それすらも手術をうければ、男女いずれかになるようであります。

ところが、こうした事柄は、皆さん方もすでにご存じのことであって、あまりクダクダしく申す必要もなかろうと思うのであります。ただわたくしとして、この際皆さん方にゼヒ考えていただきたいと思うことは、そもそも何ゆえ神は人間を男・女という、全然その性質を異にする二種の存在として、つくられたかという問題であります。しかしながら、これは実は非常にむつかしい問題と思うのであります。即ち何ゆえ神はわれわれ人間を、男・女という全然その性質の違った存在として創造せられたのかという問題でありまして、この根本の点を明らかにしないかぎり、結婚とか夫婦という問題も、十分には考えられないと思うのであります。

そこで、さし当たりひとつヒントを出すことにいたしましょう。そしてその一つは、㈠ひとりわれわれ人間ばかりでなく、多くの生物までが、雌・雄に分かれているのは、一たい何ゆえかという問題であります。次にもうひとつは、㈡われわれ人間は、単細胞生物のように、(雌・雄に分かれなくて)分裂生殖というような簡単な生殖法によらないのは、一たい何故かという問題であります。もちろん、このように二つのヒントとして分けて見たものの、根本は結局同一の問題といってよいでしょう。尚ついでに、もう一つ申すとすれば、㈢これはひとり動物だけの現象ではなくて、植物においてもそうでありまして、中にはイチョウのように、雌木と雄木とに分かれているものもありますが、そうでないふつう一般の植物にあっても、一つの花の中にも必ず雄蕋と雌蕋があって、この区別のないのは、ひじょうに未分化な植物に限られているということであります。

かくして以上を要約していえることは、この地上の生物界というものは、ごく下等の単細胞生物を別にすれば、大部分の生物には、何らかの程度において雌雄という両性の別があるということでありまして、もちろんわれわれ人間も、例外ではないわけですが、しかしこれは考えれば考えるほど、実に驚くべき事といってよいでしょう。もし「神秘」というコトバを使うとすれば、これほど巨《おお》きな神秘はないといえるかも知れません。しかしそれはとにかくとして、われわれはこの問題に対して、一おう自分なりの見解を持っている必要があろうと思うのであります。

そこで、時間さえあれば、また人数がこんなに大勢でなくて一組くらいでしたら、あなた方のお考えをもっとお聞きしながら話を進めるのが本当かと思いますが、何分にも二百名以上という大人数なのと、もう一つはわたくしに与えられている時間が、一時間しかないということからして、やはりわたくしの考えからお話する他ないかと思います。そこで話を分かりやすくするために、先ず結論から申してみますと、わたくしには、一般に生物が雌・雄に分かれているということは、その内容が豊富で複雑な生物の場合には、どうしてもそうならざるを得ないのだと思うのであります。すなわち単細胞生物の場合には、ご存じのように分裂による生殖方法がとられているのでありまして、そこには何らの変化もないわけであります。ところが、植物などで異種媒介をいたしますと、これまで無かったような新しい品種が生じるのであります。

そこで以上を要約して、一おう次のように言うことができるかと思います。それは雌・雄という両性の分化が生じるのは、生物進化の途上、進化発展のためには、どうしても、雌・雄が異体になる他ないというわけです。つまり単細胞生物の場合には、何回生殖が行なわれましても、その結果は元のままで、ただ数が二つになるだけですが、それが雌蕋と雄蕋とに分化して来ますと、そこにはすでに新しいものの生じる可能性が出てくるわけであります。いわんやそれが動物のように雌・雄がそれぞれ別体となりますと、そこに生まれてくる子どもは、同じ腹から出た犬や猫の仔でも、一匹一匹違った毛並みを以って生まれて来ます。そしてわれわれ人間は現在のところ、一おう生物進化の頂点に立っているわけですから、人間が男・女の両性に分かれて生まれてくるのは、まったく当然至極のことと言ってよいでしょう。

しかしながら、そこからさらに別個の問題が出てくるのであります。それは、世俗のコトバに「両方良いことはない」といわれますが、まったくその通りでありまして、いかに良いことでも、それをウラ返えすと、良くない面が出てくるのであります。たとえば美人には概して体が丈夫でない人が多いとか、また頭の良い人はとかく高慢になりやすい、などといわれるのもそれであります。このように「両方良いことはない」といわれるのは、見方を変えれば、天は公平であって、えこひいきがないと言うことであって、もしそれを両方良いと言えるようにするには、われわれ人間も、非常な努力と苦心が必要なわけであります。

では何故こんな事をいうかと申しますと、それはこういうことであります。つまり人間が男・女という両性に分かれているのは、われわれ人間が生物進化の途上で、一おう最高の段階に達しているところからして、これは当然の事ともいえるわけであります。しかしながら、唯今も申すように、一般に「両方良いことはない」わけですから、このように人間が男女の両性に分かれていることによって、人間界には色々と厄介な問題も生ずるわけであります。もちろんこうは言っても、人間以下の生物の世界にも、雌・雄の別はあるわけですが、しかし生物の場合には、まだ雌・雄とはいっても、男・女とはいわないのであります。では、雌・雄と男・女とは、一体どのような相違があるというのでしょうか。わたくしたちは、こうした一見何でもないような、自分を取り巻いている周囲の事柄のもっている意味を、それぞれ明確に把握する必要があると思うのであります。でないと、ただたくさんの書物を読んだというだけでは、その人の現実的な実力とはなりにくいからであります。

では唯今申した雌・雄と男・女との別は、いったいどう違うというのでしょうか。それに対して「それは雌・雄といえば動物のことだし、男・女といえば人間のことさ」（一同笑う）というのは——皆さん方は笑われますが——根本的には一おう当たっているのであります。ただそれをもう少し深い立場から申せば、男・女という時、そこには人間としての人格性を認めての上だといえましょう。ですからわれわれ人間も、これを単なる生物という立場から考察すれば、結局は雌・雄に他ならないのでありまして、ただ高度に発達した雌・雄というわけであります。

そこで話を前にもどして、先にわたくしが雌・雄と男・女の区別を問題にしながら、そこへ突然「両方良いことはない」というような、世俗的な諺をもち出したのは、人間は生物的な雌・雄の段階から、人間としての男・女にまで進化し発展したわけですが、それによってわれわれ人間は、単なる生物的な雌・雄の段階では味わえなかったところの深い人間的な喜びを、男・女という関係において知るようになるわけですが、同時にまた他の反面には、このように男・女となることによって、単なる生物的な雌・雄の段階では、味あわなかったような深刻な苦悩や悲哀をも味わうようになるのであります。というのも、単なる生物的な雌・雄なら、その離合集散には、さまでの苦痛も悲哀も感じないのに、一個の人格的な存在としての男・女となることによって、そこには深い喜びと共に、反面それに勝るとも劣らぬ、深い悲しみを味わうようになるからであります。

ここまで申したら、あなた方も、わたくしが何を申そうとしているかが、大たいお察し頂けようかと思います。即ちわれわれ人間が、このように男・女という両性に分かれて存在するということは、かりに造物主の意志を忖度《そんたく》して申すとすれば、優秀な生物、否、全生物界の中でも飛び抜けて高等な、人間という種の存続発展のために、不可避な事象だといってよいでしょう。そしてそこには、単に雌・雄という段階に留まる一般生物の与かり知らない、深い精神的な喜びがあると同時に、他の反面には、それと比べて勝るとも劣らぬほどの苦悩と悲哀を免れ得ないわけであります。

ではその喜びとは一体どういうことでしょうか。それは改めて申すまでもなく、男女間の相互相愛は、単なる肉体的な性愛の喜びだけでなくて、そこにはさらに、人格と人格との結合の喜びがあるわけであります。そしてこの点が、男女間の恋愛の特徴であります。同時にそこには、かの人間以下の生物には、いわゆる交尾期の制約があるのに、ひとり人間のみは、そのような制約を課せられていないゆえんであります。

しかし先にも申すように、この現実の世界では「両方良いことはない」のでありまして、このような人格的結合であるべき恋愛において、もし破綻《はたん》が生じたとしたら、動物の雌・雄などの夢にも知らないような、深刻な精神的苦悩に見舞われることは、今さらわたくしが、ここに事新しく申すまでもないことであります。世間でいわゆる「小説」と呼ばれるものの、ほとんど全部といってもよいほどが、このような男女間の愛情の葛藤から生じる苦悩を表現していることによっても分かるのであります。

この際、ついでに触れておきたいと思いますのは、何ゆえ小説というものは、かくも男女間の愛の葛藤ばかりを取りあげるかという問題ですが、それは以上申したように男女というものは、われわれ人間存在における最も基本的、かつ根源的な在り方であるにもかかわらず、絵画や彫刻のような、いわゆる造型芸術によっては、そのような深刻な内面的葛藤を表現することは、ほとんど不可能だからでありまず。否、文学の中でも、俳句や短歌のごときは、その表現形態があまりに短詩型なるがゆえに、複雑にしてかつ深刻な男女間の愛欲の葛藤を表現するには不適当であって、結局、小説という様式以外に、それに適した方法がないからでしょう。

それというのも、要するに男女間の愛情というものが、いかに深刻にしてかつ複雑かということからくるわけであります。では一歩をすすめて、何ゆえ男女間の愛情はかくも深刻かと申しますと、結局はそれが人間的生命の生誕する根源だから――という他ないでしょう。即ちそこには、まさに底無しの深淵ともいうべきものが湛えられているわけでありまして、それはも早単なる個人的生命を越えて、その底を破って吹き揚げてくる、種族的生命そのものによるのであり、さらに申せば、そうした種族的生命が、男女という両性に分裂しつつ、それが結合することによって、われわれの個人的生命は初めて生誕しうるからであります。かくして男女間の人間的愛情のもつれは、このような種族的生命の分裂と結合の際に生ずる幾多のひずみから生ずる苦悩であり悲哀だと申してよいでしょう。

このように、人間の男女は、いつまでも男女としては留まり得ないで、やがては結婚して、そこに子どもが生まれ、男女は父となり母となることが、造物主がわれわれに課している意図と言ってよいわけですが、その時男女は、同時に子どもの養育という重責を、共同して負うことになるわけであります。そこで、万一両者のうち何れか一方が亡くなりでもしますと、そこには単なる男女間の愛の悩みとは、まったく次元を異にした新たなる深い苦悩を味わうことになるのであります。同時にその場合、とくに苦悩の深刻なのは、夫に死なれた妻の方であって、その時妻たりし人は、これまで夫妻で共に背負ってきた人生の重荷を、女手一つで背負わねばならなくなるのであります。

このように申せば皆さん方は、人間の世界は何という苦悩の多いことかと思われましょうが、もともと喜びと苦しみとは、いわば物事の表裏のようなものでありまして、楽しみだけで苦しみのない人生というものは無いはずであります。もし有ったとしたら、それは平板できわめて浅薄なものといってよいでしょう。同時に人間というものは、喜びよりも苦悩のほうをより深刻に感じるともいえましょう。実さいわたくしは、女性の真の偉さは、不幸にしてその人が未亡人になり、女手一つでわが子を育てる際に、真に発揮せられると考えるのであります。これは女性にとっては、実に何ともいえない悲劇的な運命ですが、しかもそうした悲劇的な運命の底にわたくしは、人間における最もふかい美しさを、いわば神的な美しさともいうべきものを、感受し感得するのであります。

（先生、沈痛な表情のうちに壇を降りられ、校長先生と共に退場された。）

第十六講――職分の意義

名児耶承道先生、今日も道服姿でご入室になり、やがて登壇の後、今日のテーマと共に、次のような道元禅師の言葉をお書きになられた。

「示《じ》に云わく恥ずべくんば明眼《めいげん》の人を恥ずべし」　道元　（正法眼蔵随聞記）

これはそのかみ道元禅師が、そのご在世のおりに時どき話された言葉を、お弟子の懐奘《えじょう》禅師が丹念に記録された「正法眼蔵随聞記《しょうぼうげんぞうずいもんき》」の開巻劈頭の第一句です。ここに「示《じ》」とあるのは、垂示《すいじ》の略で、師が弟子に教え示された言葉という意味です。

さて、意味は、道元禅師が修行のために宋の国にわたり、天童山の如浄禅師に仕えられていた時のこと、ある日如浄禅師が道元を侍者にしようとされたが、その時道元の申されるには、

「わたくしが侍者にして頂くのは、その噂が日本に聞こえる事からいっても、またわたくし自身の修業のためにも、大へん辱けないことですが、しかしこのような大寺にいられる僧侶の中に、真に見識のある（明眼）人がいず、〝天童山のような大禅林において、外国人が侍者に選ばれるというのは、自国にそれだけの人物が無いのか〟と非難する人があるかも知れません。そう考えますと、この度の侍者になれとの仰せは辱けないですが、どうもお受けいたしかねます」

と、お断わり申しあげた処、師の如浄禅師も二度とは仰せられなかったということであります。
師も弟子も、共に歴史上永遠に生きる人々だけあって、まったくどうも水際立った美事さですね。ではどうぞ次の週までになるべく暗誦してきて下さい。たった一行ですから、その気になりさえすれば、一人残らずの人にできましょう。

さて先週には、「両性の問題」と題してお話しましたが、それは、そもそもわれわれ人間が、「男・女」という両性に分かれてこの地上に出現するのは、一たい「何故か」という問題に関して、多少哲学的な立場からお話してみたしだいです。もっとも哲学的とはいっても、ふつうに哲学書に見られるような難解な用語は一切使いませんでしたから、皆さん方には、あれが哲学的な考察だなどと気づかれた人は、おそらくは一人もいなかったことでしょう。しかしながら、内容自体から申せば、ある意味では哲学的考察だったともいえましょう。

ところで、今日はそれに引きつづいて、「職分の意義」というテーマでお話したいと思いますが、これも出来れば、ある程度哲学的な立場からお話してみたらと思いますが、さてどうなりましょうか。と申すのも、皆さん方はご承知ないでしょうが、講演とか講話というものは、一種の生きものでありまして、どういう話になるかということは、実は当の話すもの自身にも分からぬとも言えるからであります。それはとにかくとして、何故わたくしが、ここに「職分」という問題を取り上げるかと申しますと、それはお互い人間というものは、前にも申したように、「両性」という立場から考えますと、男性にとって一ばん大切なことは、自分の「職分」に対する自覚と、その取り組み方の真剣さということであり、また女性の側にあっては、子どもを生み、かつわが子をリッパに教育するということだからであります。なおついでですが、ここで「職分」というのは、ふつうには、「職業」と呼ばれているもののことですが、しかしわたくしがここで「職分」というのは、のちにも述べるように、「職業」というよりも、多少深い意味をこめてであります。

では、さしあたり「職業」という問題について考えるにあたって、一体どういう点が一ばん大事なのでしょうか。これは考えようによっては、仲々むつかしい問題ともいえましょうが、同時にまた考えようによっては、きわめて明白な問題とも言えましょう。では、それを一口に言うとしたら、一体どういうことになるのでしょうか。この点についてわたくしは、大たい次のように考えるのであります。それは職業というものは、㈠一方からはその人が、それによって衣食の資を求める手段とか、方法といえると同時に、㈡人間はそれぞれその職業を通して、世の中のために尽しているということであります。そして以上職業のもつ二つの面については、一おうのことは皆さん方も誰一人知らぬ人はないはずであります。

ところが、職業には、以上の他にも、もう一つの面があるのでありまして、それは㈢われわれ人間の多くは、それぞれその職業を通して、その人なりにその個性を発揮している場合が多いということでありります。しかしこの第三の点については、現在の社会の実情から見るとき、必ずしもその通りになっているとは言えない場合も少なくないでしょう。つまり人びとの中には、現在の職業は自分の個性を発揮するには、不向きだと思うが、だからといって、今さら職業を変えることもできないので、やむをえず現在の仕事をつづけている——という人も、かなりの程度にあろうかと思います。そしてここに、非常に分化し機械化した巨大な現代の社会組織の悲劇があるわけであります。

では、以上職業のもつ三種の面について、われわれは一体どのように考えたらよいでしょうか。そのうち第一の、われわれは職業によって衣食の資を得、それによって家族の生活を支えてゆくということは、前にも申したように、男性としては、さしあたり何よりも大事な第一の根本的義務と言ってよいでしょう。この点については、すでにこれまでにも触れたかと思いますが、実際男子として一ばんの責任は、家族の生活を支える義務があるということでありまして、もしそれがイヤだったら、最初から結婚などすべきではないのであります。たとえば、キリスト教のうちでも、カトリック教では、今日でも「神父」と呼ばれる人びとは、独身制が厳しく守られているのであります。それは結婚して家族をもちますと、自分の家族を食わしてゆくために、その宗教者としての奉仕生活に純一たり得なくなることから生じた制度といってよいでしょう。同時にこうした事は、時の古今、洋の東西を問わない、一種の普遍的な真理でありますから、仏教においても、古来独身制が守られてきたのですが、それがしだいに崩れて来たのを見て、大胆に肉食妻帯を叫んだのが親鸞であります。しかしながら、禅宗では最近まで、この独身制が守られて来ましたが、現在では禅宗の僧侶の中でも、真に独身を守っている人は、非常に少なくなり、それと共に、民衆に対する宗教家の権威も、しだいに低下しつつあるのが現状であります。以上、やや脇路に外れたかの感がいたしますが、とにかく男子は一たん結婚した以上は、妻子を養う義務を生じ、しかもそのためには、結局何らかの職業に従事しなければならぬわけであります。ですから皆さんのうち、もしどうしても徹底的に自由人として終始したいと思う人があったら、何よりもまず結婚しないことですね。だがこの道の行ける人が、はたして幾人ありますかね。（一同大笑）

ところで、このように、われわれ男性は、一たん結婚した以上妻子を養うために、どうしても職業につかねばならぬという事実の中には、非常に深い真理が作用しているかと思うのであります。と申しますのも、人びとはそれによって、はじめて社会の一員として参加することになるからであります。つまりわれわれ男性は、一たん結婚するや、たちまちそこに妻子というくびきを負う身になり、同時にそこからしてイヤでも応でも、社会組織の一員として組み込まれるわけでありまして、この点は、何ともいえぬ巧妙な仕組になっていると思うのであります。随って時どき見うけられる金持ちの息子で、結婚して妻子がありながらなお親許に寄食して、何ひとつ「職業」というものに就かないのは、まったくドラ息子といってよいでしょう。そしてそれは、その人間が妻子を持ちながら、いつまでも親のすね噛りで何ら職業に就かない点からいうわけです。すなわちこの複雑きわまりない社会組織の中において、その一員たる責任を回避し、親にもたれていたずらに徒食している点をいうのでありまして、こうした人間こそ、いかにいわゆる「教養」があろうとも――こういう人間に限って、多くはひと通り大学教育を受けているでしょうが――文字通りドラ息子であり、否、まったく「穀つぶし」といってよいでしょう。そしてその理由は上にも申すように、職業を通して社会組織の一員たる義務を回避しているからであります。

以上によってもお分かりのように、われわれ人間は就職することによって、イヤ応なしに社会組織の中へ組み込まれるわけであります。ですから、かりに親が財産家だからといって、そのためにこれという職業を持たずにいるとしたら、それはひとり本人のみならず、その家族全員が、きびしくいったら、社会組織から脱落していると言ってよいわけです。そして現在の資本主義社会では、このような人間の存在が時に許されている処に、ひとつの重大な問題があるともいえましょう。これに反して、その人が何らかの職業についている場合には、その家族たちは、直接自分らは何ら職業的な仕事はしていなくても、一おう社会組織の中に組み込まれていると考えてよいでしょう。

さて以上述べて来たところによって、われわれ人間(男子)は結婚して何らかの意味で職業に従事することを余儀なくされ、それによって、客観的な社会組織の一員になるばかりでなく、さらにそれによって、逆に社会のために尽すゆえんとなるのであります。すなわちわれわれ男性は、何らかの職業につくことによって、家族を扶養することが出来るだけでなくて、さらに自己の職業を通して社会生活に参加し、社会のために尽すことができるわけであります。同時に、このような巨大な社会の仕組みを考える時、わたくしは西洋の卓《すぐ》れた思想家たちが、職業の意義を重視して来たことに対して、深い敬意を払わずにはいられないのであります。

では、何ゆえ西洋では、そのように職業観が深められたかと申しますと、それには色々その理由があるかと思いますが、そのうち最も根本的なものは、いうまでもなくキリスト教から来ているといえましょう。すなわち西洋では職業というコトバの原意は、みなさん方もご存じのように、Voation(英)であって、「使命」とか、さらには神による「召命」という意味であります。すなわち、西洋の社会では、職業とは人間が神から命じられたものという考え方が、その根底にあるのであります。そしてこれは後に触れるように、われわれ人間は、各人の職業を通してその個性を発揮し、それによって社会に奉仕するという考えがその根底にあるのでありまして、こうした深い職業観は、わが国の現状では、そのままには当てはまらない部分があるとしても、十分に敬意を払わずにはいられないのでありまして、これわたくしが本日の題目を「職業」としないで、とくに「職分」としたゆえんであります。

このように職業というものが、その根源においては神につながるという考え方は、人によっては多少古臭いなどと思う人もあろうかと思いますが、しかしわたくしは、そこには実に深い永遠の真理のあることを信じて疑わないのであります。同時に、われわれ人間がその個性を発揮するには、いつ如何なる時代にあっても、結局は各自の職業を通してする他なく、それはいわば永遠の真理であって、人は職業以外の道によって、その個性を発揮するということは、ほとんど不可能に近いとさえ言えるほどであります。

そこで、ここまで申して参りますと、では皆さん方は将来の歩みを一体どうしたらよいか、という現実の深刻な問題に当面せざるを得ないことになるわけであります。すなわち、それを端的に申せば、皆さん方の中にも、すでに自分がなりたい職業には、現在の自分の学力では成れそうにないと考えている人もないではないでしょう。たとえば、「自分としては、将来できれば医者になりたいと思うのだが、しかし現在の自分の学力では、とうてい医科大学へは入れない」という種類の悩みであります。あるいはまた、自分としては、将来土木建築の方面に進みたいと思うが、しかし現在の自分の学力では、とうてい工科大学へ入ることは困難だとか、あるいはさらに、自分はどうしても画家になりたいと思うが、親がどうしてもそれを許してくれないとか等々、色いろな悩みがありましょう。

そしてそれらの人びとの中には、事情さえ許せば、たとえ二、三年浪人してでも、自分の入りたい大学に入学したいと思うけれど、世の中がしだいに世知辛くなって来たために、だいいち親も承知してくれないし、また自分としても、そんなに永く浪人生活をしてまで入ろうという自信もなく、そのために一そう煩悶しているというような人も少なくないかと思います。ではそうした色々な悩みに対して、一体どのように考えたらよいでしょうか。

まず第一に申したいことは、自分の個性に適する職業につきたいと考える人は、少なくとも高校入学と同時に決心して、そのために必要な学力を身につけるようにしなければならぬということです。否、ほんとうは高校に入ってからでは、すでに手遅れといえる場合もないではないでしょう。しかるに、高校の二年の終りや三年になってから、急に自分は理工科方面へ行きたいなどというのは、ウカツ千万といわねばなりますまい。と同時にわたくしの考えでは、そうした大ウカツをやらかす人は、実際には自分が進みたいという方面についても、多くの場合「そうなれたらよいが――」という程度の、一時的な願望に過ぎない場合が多くて、それが真にその人の個性の方向といえるかどうか、怪しい場合も少なくないようであります。

この点、作家などの場合にはかなりハッキリと伺えますが、真に自分の個性を伸ばそうとする人は、いかなる困難や逆境にも打ち克って、ついにその目的を達成する人が多いのであります。それ故もしその人がどうしても医者になりたいと思うなら、そのつもりで、中学入学のその日から真剣に勉強して、中学・高校と六年かけたら、何処かへ入ることができましょう。もしそれがどうしてもダメだったら、少しく目標をずらして、歯科医になったらよいでしょう。歯科医は最近では、その社会的な地位からいっても、また収入の上からいっても、普通の医者と全然遜色がなくなったといって良いでしょう。しかしもし歯科大学へも入れなかったとしたら、わたくしだったら、どこか漢法医のところへ弟子入りして、漢法医学を研究するだろうと思いますね。そして普通の病院へ長期入院しても、どうしても治らぬような慢性患者を治すというのも、考えようによっては、人生の一快事ではありませんか。

しかしながら、このように言うと皆さん方は、「では先生は、現在のような苛酷な入学試験制度を肯定せられるんですか」と、反問せられる人もあろうかと思いますが、もちろんわたくしとても、そのような考えは毛頭ないわけです。だが、この際大事なことは、ではそれを一体どのように改めるかということになりますと、事は必ずしも容易でないということです。と申すのも、わが国現時の入試制度の可否を検討するにあたって、一ばん根底に横たわっている問題は、わが国には他の国々に見られるような身分的な「階層制度」が固定していなくて——これはこれだけを考えれば、もちろん非常な長所なわけですが——少なくとも今日までのところでは、ひと通り一流の学校を出れば、そして本人に実力さえあれば、親の身分階層のいかんを問わず一おうその社会的地位が約束せられている——ということが、社会制度の根底に横たわっている処から生じる現象ですから、これを根本的に改めるには、ひとり入試制度だけでなくて、社会体制の根本的な改革を必要とするわけであります。随ってこの点が、現在の入試制度には幾多の問題がありながら、その改革に対して真に責任の負えるような対策を立てて、それを断行することの容易でないゆえんであります。随って先ほど来申したことは、一おう現在のわが国の実情の上に立って申したわけですから、その点くれぐれも誤解のないようにして頂きたいわけです。

さて以上は、職業というものの性質上、男の人を主として話したわけですが、では女性の場合、職業については一体どう考えたらよいかという問題ですが、それに対してわたくしは、女の人は一般的には、学校卒業後二、三年何かの勤めをしてみることは、社会というものを知る上からも、けっして無意義とは思いませんが、しかし子どもが生れるようになりますと、女が家を外にして職業につくということは、しだいに重荷になる場合が多いといえましょう。しかし女教師のように、女性の仕事として最もふさわしく、また最も恵まれている職業の場合には、生涯それに従事することは、大いにけっこうな事と思いますが、しかしそれはそれで又色いろな条件が問題になるようであります。そのうち一ばん大事な点は、家に赤ん坊の世話をしてくれる人があるということでありまして、これは最も恵まれた人といえましょう。しかしながら、こうしたことは比較的少ない恵まれた場合といえましょう。そこで、今後は子どもをかかえて職業に従事する女性のために、嬰児や幼児に対する特別な保育機関の設置が焦眉の急と思いますが、それまでは、身内の中にそうした世話のしてもらえる人のあるということが、結婚に際して、一つの重要な条件となるともいえましょう。つまり実際問題としては、姑のある人と結婚するということですね。（一同大笑）しかしこれは決して笑い事ではなく、わかい独身の女教師にとって、非常にシリアスな問題といってよいでしょう。

最後に、女の人で、どうしても男子同様に、自分の個性を充分に発揮したいと思われる人は、それも大いに結構だとは思いますが、しかし根本的には独身を覚悟していないと、充分なことは出来にくいといえましょう。それというのも、わが国の社会では、今後二、三十年はしないと、主婦の「座」と専門家の仕事とを両立させるということは、もちろん例外的な場合は別として——一般的にはまず困難と見てよいかと思われるからです。もちろん現在でも、すでにそれに成功している人も決してないわけではありません。しかし現在のところでは、それは比較的少ない例外的なケースと言ってよいでしょう。とにかく「世の中で両方良いことは無い」といわれるように、女の人でリッパに家庭生活を営みながら、社会的にも自分の個性を十分に発揮するということは、実に容易ならぬ苦心というか犠牲を、人知れず払っていると考えてよかろうと思います。

（先生、例によりキレイに板書を拭かれて、一礼の後しずかに降壇、校長先生と退場された。）

第十七講——結婚について

名児耶承道先生は、今日も道服姿で、校長先生の先導で講堂に入られた。そして今日のテーマと共に、次のような道元禅師の言葉を書かれた。

「今生《こんじょう》にもし学道・修行せずんば、いずれの生《しょう》にか、器量の人となり、不病の者と成りて学道せんや。ただ、身命《しんみょう》を顧りみず、発心《ほっしん》修行するこそ学道の最要なれ。」

道元（正法眼蔵随聞記）

ではこの前のところの暗誦できる人は手を挙げて下さい——といわれると、ほとんど全員が挙手。そこで真中の列の生徒に前から後へ順に暗誦させられたが、一人も言えない者はなかった。そこで先生は、わずか一行ですから誰にだって出来ますよね。しかしこのような言葉は、たった一言でも、将来十五年も覚えていたら、あなた方に対して偉大な力を発揮する場合がありましょう。

さて、今日ここに掲げた言葉の発せられるに先立って、次のような事があったのです。それはある日のこと、お弟子の一人が道元禅師に、「わたくしは病人の上に才徳の乏しい人間でありますので、どうもきびしい学問修業には堪えられそうにありません。ついてはひとつ仏教のエッセンスをお聞かせいただいて、独り住いで躰の養生をしながら、一生を了りたいと存じますが——」と申し出たというのです。

するとそれに対して道元禅師は、「むかしの高徳の人々とて、必ずしも頑健な人々とは限らず、またすぐれた資質の人ばかりではない……」と、色々とさとされて最後に述べられたのが、上に掲げたこのお言葉です。大たいの意味はお分かりかと思いますが、

「もし今生において、学道・修行をしなかったとしたら、生まれかわり死に変わりしてゆくいずれの代に、学才の卓《すぐ》れたものとなり、無病にして頑健な人間となれるであろうか、どこにもそんな保証はない。だからこの二度とない今生において、身命を顧みず、発心即ち生涯求道の志を打ち立てて懸命に修業するのが、道を学ぶ上で最も肝要な心がけである」

と、悟されたのでありまして、これを一言でいえば「学道には捨身求道」の覚悟が必要だと教えられたわけであります。

そこで来週までに、どうぞこの言葉も暗誦できるようにして来て下さい。


さて、前々回には、わたくしは「男性と女性」というテーマでお話しましたが、しかしそこではまだ直接結婚問題には触れませんでした。しかしわたくしの心中にそれがあったことは、もちろん申すまでもありません。唯わたくしとしては、結婚問題に入る前に、いわばその基礎ないしは予備的な準備として、男性と女性の問題について、多少立ち入って考えてみたかったのであります。そこで今日は、いわばその続きとして、あるいはその本論として、結婚問題について考えてみたいと思います。

ところで結婚という問題は、主として若い男性と女性とが、互いに相手の人格を信頼して、この二度とない人生を、共に歩もうとするわけでありますから、皆さん方にとっては、生涯における最も重大な

問題といってよいでしょう。同時にまたこの点については、人により多少の相違はあるとしても、大ていの人がこのように考えていることでしょう。すなわちお互いに「本能的叡知」によって、それを感知しているわけであります。その証拠に、皆さん方のような若い人たちは、「結婚」というコトバを聞いただけでも、ある種の興奮を覚えられると思いますが、(一同笑う)それも当然のことであって、それは唯今も申すように、いわば「天」から授かった「本能的叡知」によって、超意識的に結婚の重大さを感知せしめられるわけであります。そしてそれは特に女性の場合にそうであって、表立ってはそうは見えないにしても、男子以上に深い関心が寄せられているかと思われます。そしてそこには、またそれだけの原因なり理由があると言ってよいかと思います。

ではそれは何故かと申しますと、われわれ男性にとっても、もちろん結婚は、人生の重大事件なことは申すまでもありませんが、しかし男子の場合には、結婚以外にもうひとつ事業というか仕事というものがありますが、その点女性の場合には、一部の人を除いては、そうしたものがありませんから、普通の女性にとっては、結婚は文字通り一生のすべてといってよいでしょう。そしてわたくしが此処で「一生のすべて」というのは、言い換えれば、それによってその人の一生の運命が大きく左右され、さらには決定されるともいえるという意味であります。随ってそれだけ女の人には、結婚に対して十二分な慎重さが要求されるわけであります。

もっともわたくしは今、男子は結婚以外に事業があると申しましたが、それでは女性には、男子の事業に当たるようなものはないかというと、決してそうとは思わないのであります。では、一体何かと申しますと、それはわが子を生み、かつリッパな人間に育て上げるということでありまして、これはある意味では男子の事業とくらべて、勝るとも決して劣らぬほどの大事業といってよいでしょう。何となれば、男性の事業は、その人が亡くなれば一おう滅びるといえますが、女性の場合には、自らが生みかつ育てた子どもたちは、たとえわが身は亡くなりましても、後に残って確実に生きつづけるからであります。そしてその場合、男の子でしたら事業をしますし、また娘でしたら母親と同じく、自分もまたわが子を生みかつ育てるわけであります。随ってこのように考えて来ますと、先に男子の場合には、結婚以外に事業があると申しましたが、女性の場合にも、男性の事業以上に大きな意味のある仕事、すなわち「生命を生み」かつそれを育てて教育するという大事業があるわけであります。

では一歩をすすめて、結婚に際して一体どのようなことが大事かが問題になるわけですが、それに対してわたくしは、妙な言い方ですが、結婚において一ばん大事なことは、決心というか覚悟というものではないかと考えるのであります。ふつうには、結婚に際して一ばん大事なことといえば、夫婦が互いに信じ合うことだと考えられているようですが——勿論わたくしとても、それに対して何ら異議を挟むものではありませんが——しかし実際問題となると、一番大切な事柄は、むしろ決心とか覚悟というものではないかと考えるのであります。なるほど結婚において大事なことは、夫婦が互いに相手を信じ合うことだということは、一おうきわめて当然なことでありまして、この点については、一言たりともかれこれ言うことは出来ないはずであります。それというのも、夫婦が互いに信じ合うということは、夫婦生活の成立するおそらくは最も根本的な基盤となるからであります。

ただこの際わたくしが問題としたいと思うのは、信じるということは、ある面からは主観的な事柄であって、その深さには無限の深浅があるということであります。随って信じるということの最も深い場合には、あの「走れメロス」のように、生命を賭けて信じるという場合もありますが、同時にそれとは正逆に、比較的浅い場合もないわけではないでしょう。随ってふつうには、夫婦は互いに信じ合うことが根本だといわれ、それは実にリッパな申し分のない美しいことですが、しかし万一一方が相手をウラ切るようなことを仕出かした場合、それでも相手に対する信は動揺せずにいられるでしょうか。わたくしは真に真実な信というものは、そうした場合にも、なるほど人間ですから、いっ時は心の動揺を免れないとしても、やがてまた元の信に立ち還って、自分をウラ切った相手をも許して、おもむろにその心の甦えるのを待つことが出来るようでなくては、真に根本的な信とはいえないと思うのであります。随って「お互いに信じ合う」ということは、一見たやすいことのようですが、実際には実に容易ならぬことであります。すなわち「信じる」ということは、このようにリッパなことであるだけに、浅い信の場合には、そこに一種の脆さが含まれていないとは言えないようであります。

いわんや「お互に」というところに、かえって一種の危険がないとはいえないと思うのであります。では何故わたくしが、かような事を申すかというに、それは前回の講話でも申したように、男女の間柄というものは、ひじょうにデリケートであり、かつ複雑なものですから、相互に信頼し合った間柄だといっても、時に動揺が無いとはいえないからであります。そしてそれは、お互いに相手を愛していればいるほど、その動揺は鋭敏に感知せられるともいえましょう。

さらに一歩をすすめて申せば、普通には夫婦間のモラルとしてこの上ないかに考えられている、この「互いに信じ合う」ということについて、これを問題としてとり上げた真因は、元来男性の性は拡散的であって、すなわち浮気ごころというものがあるからであります。（一同笑う）そしてそれは、いわば造物主によって植えつけられたものとさえ言えるほどであります。つまり造物主からいえば、男性には一人でも多く子を生ますようにというタネ蒔きがされているとも思えるほどであります。（一同大笑）

ところが、これに反して女性の性は、集中的帰一的といってよく、すなわち自分の生んだ子どもは、どこまでもこれを大事に育て上げねばなりませんから、どうしても夫に逃げられないようにしなければならぬわけです。（大笑）それというのも、男性に対しては何よりも先に、まずその妻子を養う義務を負わせねばならぬからであります。しかるに男性には、唯今も申すように、その心中に浮気の虫が住んでいますので、妻たるものは、自分以外の女性との交渉に対しては、ひじょうに敏感に感知して、いささかでも変だと嗅ぎつけたら、いわゆる「信じ合う」などという甘い考えでは、たちまち動揺して吹き飛ばされる危険性が多いのであります。

ところが、それに対して、わたくしが先に述べたように、そうした場合においても、あらかじめ「覚悟」というか「決心」ができていたら、少なくとも根本的な動揺は免れると思うのであります。すなわち信じるということは、非常に貴いことですが、それだけに時としてはキレイ事に過ぎて脆さがあり、ウッカリすると動揺して、不信に陥る恐れがないとは言えないのであります。とくに「お互いに」信じ合うということは、最もリッパなことだけに、それだけある意味では脆くて、一方の「信」が動揺し出すと、他方の「信」もまた動揺を始める傾向がないとは言えないのであります。

ところがこれに反して、決心とか覚悟ということになりますと、勿論双方の決心覚悟の堅いことが望ましいのは申すまでもありませんが、しかし決心とか覚悟ということになりますと、どちらか一方だけでも、非常に力強いといいえましょう。それというのも、決心とか覚悟ということになりますと、そこには相手の態度のいかんに拘わらぬという趣きがあるからであります。それゆえ決心や覚悟には、「お互いに信じ合う」というようなお上品なリッパさがないだけに、そこにはかえってある種の確かさがあるといえましょう。そしてそれがわたくしをしてついに、「お互いに信じ合う」ということのリッパさを思わぬわけでないにも拘らず、取りあえずそこへ行くまでに、まず決心とか覚悟というものを真先に置きたいと考えるわけであります。

同時に、ここまで申したら皆さん方も、何故わたくしが普通に結婚における第一条件と考えられている「相互の愛情」という問題を掲げなかったという深意を、多少は汲みとって頂けるかと思います。勿論わたくしとても、結婚において愛情というものが、いかに重大な絶対的な条件かということを知らないわけではありません。しかしながら、以上のような考え方に立つ時、わたくしには愛情とか信頼というコトバが、ふつうには、ともすれば何か「甘さ」を含んで考えられているようにも思われるのであります。それというのも、ふつう世間の人びとの多くは、愛するということを「好き」というコトバと、大して違わぬような使い方をしている場合が少なくないようですが、しかし「好き」ということと「愛する」ということとは、けっして同じではないばかりか、時としては天地懸隔する場合もあるといってよいでしょう。

ではどのように違うかと申しますと、好きということは、言い換えますと、一種の感情的判断の域を出ませんが、これに対して愛するということは、元来「相手のために自己を捧げる」という意味がこもっているのであります。すなわち、如何に辛いことでも相手のためにそれを我慢し、さらには堪え忍ぶという処がなくては、真に愛しているとは言えないのであります。ところがわが国では、まだ「愛」というコトバが十分に熟していないために、このような深さにおいて使われていない場合が多く、随ってわたくしとしては、安易にコトバを使いたくないのであります。

そこで以上を要約して申しますと、結婚において一ばん大事なことは何かというと、それは唯今も申すように、「相手のために自己を捧げる」ということであります。随ってこのように考えて来ますと、先に述べた決心とか覚悟というコトバさえ、まだ十分とは言えないことがお分かりでしょう。また相手を信じるとか、「お互いに信じ合う」ということでも、どこかまだ十分でないものがあるわけであります。いわんや、いわゆる「好き」などという程度に留まりえないことは、改めて申すまでもないことです。そこでもし「愛」というコトバのもつ深意が、「相手のために自己を捧げる」ということだとしたら——そしてその最高の実例は、申すまでもなくキリストの十字架でしょうが——先ほど来申すように、わが国ではまだ「愛する」というコトバが、つねにこのような深い意味において使われているとは言えないように思われます。

そこで以上を踏まえて、結婚にあたって一ばん大事なことは何かと問われれば、わたくしはやはり「相手のために自己を捧げる覚悟」だと申したいのであります。そしてもし妻のほうにこの覚悟があれば、その結婚は、たとえ途中でどんな動揺があろうとも、結局は成就すると言えましょう。すなわち一口で申すとすれば、結婚において最も重要なものは、結局は献身的な「愛」への覚悟と言ったらよいでしょう。

以上で、結婚における最も根本的な点については一応申しましたから、それ以外の点については、簡単に要点のみを申すに留めましょう。では第二に大事なことは何かといえば、男子のほうに、経済的な独立能力がなければならぬということであります。それというのも、先にも申したように、男というものは妻子を養う義務があるからであります。随って万一それが欠けていて、夫婦のうち何れか一方の両親から、経済的な援助を受けなければならなかったり、あるいは夫に収入がなくて、妻によって一家の生計が支えられているというようなことでは、どうも健全な夫婦生活とはいえないのであって、そうした不自然な家庭生活を続けていますと、必ずや何時かは破綻《はたん》が来ると言ってよいでしょう。

では第三に大事なことは何かと申しますと、双方の教養がほぼ等しいということでしょう。もしこの点に問題があるとしたら、そういう結婚もまた一種の不自然なものとして、永続し難い危険があるといえましょう。何となれば、夫婦関係では、人格の平等性ということが、その基盤に予想せられねばならぬからであって、もし夫婦の間にいちじるしい教養の差がありますと、それは丁度車の両輪が同じ大きさでない場合のようなものでありまして、そういう結婚は、一方の教養の高い方が非常に苦心し骨折っても、どうも仲なかむつかしいようであります。

そこで最後に、結婚には恋愛結婚と媒酌結婚とがあるわけですが、それについてどちらがよいかということが問題でしょうが、この点については、両者はそれぞれ長所と短所とがあるわけで、一概には決めかねるように思われます。そこで、では恋愛結婚の長所はどこかと申しますと、夫婦というものは互いに短所を補い合うものであって、そこにはいわば「天」の相補関係ともいうべきものがあるわけであります。そして恋愛結婚の場合には、この点勘というか一種の「本能的叡知」が作《はたら》いて、自分の欠点を補ってくれる相手を、本能的に好きになるようであります。(一同大笑)では恋愛結婚の欠点は何処にあるかと申しますと、それは双方がその夫婦生活に対する心構えにおいて、ともすれば安易になって、わがままが出やすいということでしょう。そのために、せっかく「天」の与えた相補的な相手を恵まれながら、ともすれば離婚の危険性が少なくないようですが、それはただ今も申すように、結婚後双方の考えが安易に流れて、「相手のために自己を捧げる」という決心や覚悟のない場合が少なくないからでしょう。そしてこの点こそ、恋愛結婚における最大の欠点といってよいでしょう。それから今ひとつ、恋愛結婚では選択の範囲がとかく狭くなりがちだという欠点がありまして、この点は大都会でもほとんど変わらず、否、大都会の方がかえって、互いに知り合う範囲は狭いともいえましょう。これに反して、媒酌結婚のほうは、長短共に恋愛結婚のウラ返しと考えたらよいわけで、も早くだくだしく申すまでもないでしょう。それからもう一つ、戦後結婚する人々には、男女間の年齢的な距《へだた》りが少なくなったようですが、その一因としては、在学中に知り合ったという場合が少なくはなく、これも「男女共学」の一産物とも言えましょうが、大局的に考えますと、これは非常に憂慮すべき現象だといえましょう。しかし一々その理由を挙げるまでもないと思われますので、今日はこれまでにいたしましょう。

（例により板書をキレイに拭われて、一礼の後静かに降壇、校長先生と共に退場された。）

第十八講――人生の基礎形成期

名児耶承道先生は今日も道服姿で、校長先生のご案内で講堂にお入りになった。しばらくして登壇、今日のテーマと共に、次のような道元禅師の言葉をお書きになられた。

「この国の人は、また、我がために利を思いて施《せ》を致す。笑って向える者によく与えるは、定まれる道理なり。ただ他の心に随わんとしてなさば、これ学道の礙《さわ》りなるべし。ただ、飢を忍び、寒を忍びて、一向《いっこう》に学道すべきなり」　道元（正法眼蔵随聞記）

では最初にひとつ、この前のところの暗誦をしていただきましょう――といわれて、七、八名の者に暗誦をさせられる。そしてこれが了ると、今日のところの説明に入られて、これも途中から引いたのですから、この前に色々と述べられたあげく、いわば最後の結論として述べられたお言葉であります。大たいの意味は皆さん方にお分かりかと思いますが、

「わが国の人々は、たとえ旋物をする場合には、それが何らかの意味で、自分の利益になるようにと考えてする。同様にまた自分に笑顔で対する人には、好意をもって便宜を計るようにしがちであり、これが普通の人の心理というものであろう。だが人間は、他人の気に入るようにとのみ考えて行動していたんでは、それは真摯な学道のために、支障となるといわねばならぬ。それゆえ真摯に

道を学ぼうと志す者は、飢を忍び寒さにも耐えて、一向専念ひたすら学道一筋に打ち込まねばならぬ」と。

すなわち真撃なる求道者は、時あって飢餓に耐え、飢寒を忍ぶていの心がけが必要だと仰しゃられるのです。ましていわんや世間的な名利においておや――というわけです。しかし、現在何人が道元禅師のこのような厳しいご精神に従っていると言えるでしょうか。わたくし自身を省みまして、まことに衷心忸怩《じくじ》たるものがある次第であります。

では今日のところも、なるべく暗誦して下さい。少なくともわたくしが点を打ったところは、出来たら一人残らず暗誦していただけたらと思います。

さて先週には、「結婚」に関して、一応そのあらましについて考えてみましたが、実さい結婚は人生の重大問題であり、とくに女の人にとっては、ほとんどこれによって、その一生が左右せられるといってもよいほどに思われます。また男子の場合でも、家庭生活は、少なくとも人生の一半を為しているわけであり、随って妻の内助の功のいかんは、男子の事業の上にかなり大きな影響を与えるわけですから、結婚ほど大事なことはないともいえるわけであります。

しかしながら、この結婚という問題も他の事柄と同様に、結局は実際に結婚してみないことには、本当のことは分からぬわけであります。随って結婚に関して、あらかじめ色いろとその心がけを知っておくことは、たしかに大切であり必要なこととは思いますが、しかし結局のところは、唯今も申すように、いくら研究してみても、いわば「畳の上の水練」といった趣きがあるといえましょう。そのうえに、実際上の注意ということになりますと、まったく際限のないことですから、色いろ問題になる事柄のあることは十分に承知しつつも、前の時間にお話したことを以って、一おう打ち切ることにして、今日はそれにつづく大事な問題について、考えてみることにしたいと思います。

ではこれからお話しようとする事柄は、一体どういうことかと申しますと、それはすでに題目によってもある程度想像せられるかと思いますが、人間の一生の上で、いわばその「基礎形成期」ともいうべき時期に関する問題であります。つまり分かりやすくいえば、人間の一生の土台のでき上がるのは、一体何時ごろか、またそういう時期は、一体どのように生きたらよいか――などという問題についてであります。

ところで、わたくし自身にとって興味があるのは、皆さん方はこの点について、一体どのように考えていられるか、ということであって、わたくしとしては第一にそれが知りたいのであります。ではよい機会ですから、ひとつこの点について、皆さん方の考えをお尋ねしてみることにいたしましょう。いいですか。問題の要点は、われわれ人間にとって、一生の土台づくりとなる年代は、一体何歳ごろかという問題であって、ここには便宜上、十年単位でお尋ねすることにいたしましょう。ではいいですか。一おう自分の考えを決めておいて、そこへ来たら手を挙げるようにして下さい。では十代だと思う人？（挙手するものごく少し）では二十代だと思う人？（全体の三割ぐらいが手を挙げる）よろしい。では三十代の十年だと思う人？（すると全体の半数以上が挙手）そう。では四十代と思う人？（一割弱が挙手）よろしい。実は皆さん方の大部分の人が、大体わたくしと同じような考えだということが分かりましたので、わたくしも以下安心してお話ができて有難いです。

今皆さん方にお尋ねしてみた結果、三十代の十年が、われわれ人間にとって、一生の基礎形成期だと考えていられる人が多いようですが、わたくしも全く同じ意見なのであります。実はわたくしは可成り若いころから、この点を問題として、色いろと考えたり研究してみたのですが、古来卓《すぐ》れた人びとについて見てみましても、それらの人のほとんどすべてが、みな三十代というこの十年間に、一生の基礎づくりをしているようであります。わたくしには、政治界とか実業界のことはよく分かりませんが、少なくともわたくし自身が関心をもっている、学問とか思想の方面について見ましても、卓《すぐ》れた人といわれるほどの人は、ほとんど例外なく三十代の十年間で、その一生の土台を築いた人が多いのであります。

たとえば、わたくしの知っている範囲だけについて申してみましても、釈迦もそうですしキリストもそのようですし、またソクラテスのことは、その一生の伝記がよく分かりませんが、わが国では、有名な中江藤樹先生がそうですし、また中国の王陽明という学者など、いずれも皆この三十代の十年で、その基礎ができたといえましょう。あるいはまた、方面を変えて、法然とか親鸞とか道元などという宗教家について見ましても、結局は三十代というものがその人びとにとっては、人間としての基礎形成期だったと言ってよいようであります。もっともキリストなどは、伝道を始めたのが三十歳ごろといわれ、その亡くなったのが三十三歳といわれていますから、やや早いようですが、しかし大局的には、当たっていると言ってもよいかと思います。

そこで、次に問題となるのは、では何ゆえ人間の基礎形成期は、そのように大たい三十代の十年間ということになるのかという問題ですが、この点に関しては、わたくしはさし当たり二つの点を考えているのであります。それは何かというと、その一つは、三十代の半ばごろになりますと、卓《すぐ》れた人びとの多くは、人生というものの本質に目覚めてくるからであります。すなわち、わたくしがこの「講話」においてとり上げようとしている「人生の意義」とか、「人間の生き方」というような問題について、「心眼」が開けてくるのであります。そして先に挙げた歴史上のもろもろの偉人たちは、ほとんど例外なく、大たい三十代の半ばごろで、そうした「魂の眼」が開けているのであります。人によってはこれを「魂の開眼」と呼ぶ人もありますし、また宗教に特有なコトバとしては、「回心《えしん》」とも呼ばれているのであります。

ついでながら、宗教のほうで「回心」と呼ばれている事象は、どういう事柄かと申しますと、それまではわれわれ人間は、みな自己中心的に物事を考え、それによって物事を処理しようといたしますから、とかく周囲の人びととの間に、摩擦や衝突を免れないわけですが、人間も三十代の半ばごろになりますと、さすがに自分と周囲との関係を客観視するようになり、そしてそのために、自分の立場とか、あるいは自分の受けもちすなわち「分」というものが見え出して来ますので、それ以前とはかなり違った考え方で行動するようになるのであります。

そこで、それでは何ゆえ人間は——もしその人が真剣に人生の生き方を求めていたら——このように三十代の半ばごろになると「魂の眼」が開けるようになるのでしょうか。この点についてわたくしの考えでは、人間の一生を一おう七十五歳前後といたしますと、がんぜない幼少のころをさし引くとすれば、この三十五歳前後という年ごろは、一おう人生の二等分線にあたるわけであります。そしてそれは登山にたとえますと、この三十五歳前後という年ごろは、丁度山の頂きに立つ年齢といってよいわけであります。ところが、山の頂きに立ちますと、それまでは少しも見えなかった、やがて還りゆくわが家の所在がハッキリと見え出すのであります。

ところで、今わたくしが、「やがて還りゆくべきわが家」と申したのは、ハッキリ申せば、自分の「死」ということであります。そこでこういうことになるのであります。すなわちわれわれ人間は、三十代の半ばごろまでは、まったくお先真暗で、ただやみくもに前へ前へとあがくばかりですが、さすがに「人生の二等分線」ともいうべき、三十五歳から四十歳辺りになって山の頂きに立ちますと、そぞろに人生の秋風に吹かれて、やがて還りゆくわが家（死）すなわち「人生の終末」というものが、見え出してくるのであります。勿論深い宗教的な「開眼」とか「回心」と呼ばれるようなものになりますと、特殊の人でなければ与り得ないともいえましょうが、しかしまたその深ささえ問題にしなければ、だれでも人は三十代の半ばごろに達しますとある程度わが人生の終末についても、ボツボツ考えずにはいられなくなるわけであります。

さて以上は、人間の基礎形成期、すなわち人間の一生の土台づくりの時期は、一おう三十代の十年と考えてよいということを、主として精神の側から考えて来たわけであります。ところが問題は、そのように単に精神の側からだけでなくて、これを肉体の側から考えてみましても、やはり三十代の十年というものは、人間の基礎づくりの時期として、もっとも適していると思われるのであります。

ではそれはどういう事かと申しますと、人間も三十代の十年間は、肉体の側から見ましても、まだ体力の旺んな時期といってよいのであります。というのも、人間も四十という声を聞くようになりますと、特殊の人は別ですが、ボツボツ「肉体の秋」が訪れてくるからであります。ですから三十代という十年間は、かりに徹夜などしましても、翌日平気で他の人びとに劣らず仕事ができますが、四十という声を聞くようになりますと、さすがに忍びよる「肉体の秋」は防ぎようがなく、三十代のように徹夜しても翌日平気で仕事ができるとは、次第に言えなくなるのであります。わが国で古来男の厄年《やくどし》を四十二歳といったのは、これを満年齢に直して考えますと、丁度四十歳と少しという辺になるわけでありまして、この辺から人間も、少なくとも体力的には、ボツボツ降り坂になりはじめるわけであります。

さて以上は、人間の基礎形成期が、何ゆえ三十代の十年といえるかという問題について、その理由というか原因について考えてみたわけですが、では一歩を進めてわれわれ人間は、そのような人生の基礎形成期に対して、一体どのような点を心がけたら良いかということが、次に問題となるわけであります。

ところが、今こうした点について述べようといたしますと、実に際限のないことだともいえましょう。それというのも、われわれ人間が、真に男盛りともいうべき三十代の十年間に、人として出逢う問題なり事柄なりは、文字通り千態万様であって、とうていそれらの一々について述べるわけにはゆかないからであります。たとえば、宴席というようなこと一つをとってみましても、そこで守るべき注意というか、たしなみというような事柄について、少し丁寧に述べるとなったら、もうそれだけでも一時間はかかるともいえましょう。同時にまたそうした宴会の席などの心得というようなものが、必ずしも不必要だというわけでもありません。あるいはまた、お金に関する事柄なども、実際にはかなり重要な問題だと思うのであります。ですからこの点については、そのうち一度改めて取り上げてみることにして、ここでは立ち入ることを控えたいと思います。

それ故ここでは、次の一つの事柄だけをとり上げて申すことにいたしましょう。もっともそれは、一おう唯ひとつの事のように見えながら、実際には、ひじょうに重要な事柄であり、否、根本的にはこの一事だけでも、一おう事が足りるとも思えるほどであります。ではそれは一たい何かと申しますと、一言で申せば「自己教育」ということであります。現在皆さん方は、こうして生徒として多くの先生から色々な教えを受けているわけですが、しかしひとたび学窓を離れますと、もはや皆さん方に対して、責任をもって教育の任にあたって下さる方は無くなるのであります。同時に、その点に重大な問題があるわけであります。それというのもわれわれ人間は、もし真実に人生を生きようとしたら、ひとり在学中だけでなく、卒業後といえども勉強する必要があるからであります。否、それどころか、そうした卒業後の勉強は、実は生涯つづけなければならぬのであります。少なくとも、この二度とない人生を、真に充実して生きようとする以上、われわれ人間は、最後の一息まで、全力を傾けて生きねばならぬのであります。もっとも、ここでわたくしが勉強と申しますのは、現在皆さん方が学校で教わっているような、主として教科書による勉強とは違うわけですから、あるいは修業とか、さらには求道というのが適当かも知れません。しかしまた修業とか、いわんや求道などと言いますと、人によっては固苦しい感じを受ける人もないではないでしょう。そこでわたくしは、学窓を出てからの広い意味での勉強は、むしろ「自己教育」と呼ぶのがふさわしいかと思うのです。しかしこれはその内面から申せば、古来人びとが「求道」という名で呼んで来たものともいえましょう。

かくして人生の基礎形成期、すなわち人間の一生の土台づくりの時期ともいうべき、この三十代の十年間をつらぬく、もっとも重要な事柄は何かといえば、もしこれを一言でいうとしたら、上に申したような意味における「自己教育」、すなわち求道的な生活態度だといってよいでしょう。ではこの場合、教えるものと学ぶものはどうかと言いますと、この場合学ぶのが自分だということは当然ですが、では教える人は誰かと申しますと、それはわたくしの考えでは、「自己以外のすべての人」だと思うのでありま す。すなわち、自分の勤め先の仕事、ならびにその人間関係は申すまでもありませんが、ひとりそれのみではなくて、それらの人びとを取り巻いているこの世に生起する一切の出来事は、根本的に考えれば、それらのすべてが、その人にとっては生きた教材であり、先生だといってよいでしょう。勿論そこに、その人の読書の含まれていることは改めて申すまでもありませんが、同時に取り引き先の人々との応待の際の一見ささやかな一言一行といえども、心ある人にとっては、時には読書などと比べて、比較にならないほどに深刻な教訓になるともいえましょう。と申しますのも、いつも申すように、結局「真理は現実の唯中にある」が故であります。

しかしながら、それらの一切と比べて、さらに一そう深刻な教訓は、自分の犯した過失でありまして、われわれ人間にとって、これほど深刻にしてかつ痛切な教訓はないともいえましょう。もっともこうした生きた真理は、まだ社会的に現実の責任の地位にいない現在の皆さん方には、十分には当てはまりませんが、しかし人間も三十代を越えて、社会組織の中である程度責任の地位に立ってからの過失や失敗は、文字通り痛苦骨を嚙むと言ってよく、これこそ実に「自己教育」の中核をなすものといってよいでしょう。そして以上申してきたような態度で、この二度とない人生を、その最後の一呼吸まで力の限り生きぬくというのが、近ごろ一部の人びとによって唱えられ出した「生涯教育」という言葉のもつ、真の意味かと思うのであります。

とにかくこのわたくしたちの人生は、二度とくり返し得ないものでありますから、わかい皆さん方は今から心して、この二度とない人生を、力の限り充実した人生にして戴きたいと思うのであります。

（先生、例により一礼の後、キレイに板書を消して壇を下りられ、校長先生と共に退場された。）

第十九講——人間関係というもの

名児耶承道先生は、今日も道服姿で、校長先生のご案内でお出でになり、しばらくしてご登壇。今日のテーマと、次のような道元禅師の言葉をお書きになった。

「学道の人、たとい悟りを得ても、今は至極と思うて、行道を罷《や》むる事なかれ。道は無窮なり。
悟りても、なお行道すべし」　道元　（正法眼蔵随聞記）

では最初に前のところの暗誦をして戴きましょう。——といわれて、七、八名のものに暗誦させられたが、一人もつまるものはなかった。

さて、今ここに掲げた言葉は、道元禅師のご精神のもっとも良く表現せられているものの一つかと思われます。同時に一応の意味でしたら、皆さん方のどなたにも、よく分かるとお思いでしょう。しかしながら、それは単に言葉の意味が観念的に分かったという程度に過ぎません。例えていえば、それは国語の教科書の解釈や理解の程度に過ぎないといってよいでしょう。

では、一体どこに問題があるというのでしょうか。それはかくいう私自身が、また皆さん方の一人びとりが、道元禅師の仰しゃられるように、先ず真剣に道を求めに求めて、そのあげく、かりに悟りが得られたとしても、それを以って最上と考えないで、そこから、さらに決心を新たにして、学道・

行道を生涯続けなければならぬと仰せられるわけであります。何となれば、道そのものは元来窮まりないものであって、これで終りということのないものですから、われわれの求道もまた無窮でなければならぬわけであります。すなわち、人間はたとえ悟ってからも——ついでですが、悟るということは、「自己中心主義」が誤りだということを徹底的に認識することとも言えましょうが——さらに修業しなければならぬのであります。そしてこのことを臨済禅では、「悟後の修業」というているようであります。

では何故そうかと申しますと、悟りと言いましても、それは自分の我見がコッパミジンに飛び散ってしまって、この天地大宇宙と一体となったともいうべき体験をいうのであります。しかしながら、それはいわば一瞬の出来事でありまして、もしその後の修業をつづけなければ、へたをすれば、その時のただ一瞬の観念的な悟りに留まり、真にわが身に肉体化せられて、わたくしどもの行動の力強い原動力とはならぬからであります。

さてこの前の週には、三十代の十年間というものは、人間の一生の上から考えてみる時、いわばその基礎形成期ともいえることについてお話したわけですが、今その結論を分かりやすく申せば、近ごろはやりの「生涯教育」ともいえましょう。しかしこの際大事なことは、「生涯教育」という場合、一たい教育するのは誰かという点を明らかにしないと、いくら「生涯教育」と叫んでみても、いわば絵に書いたモチ同様で、真の中味はないともいえましょう。そこで真の「生涯教育」とは、結局、求道的な自己教育ということの他ないわけであります。そしてここに「自己教育」というのは、文字も示すように、結局「自分が自分を教育する」ということであって、つまり教えるものも自分であれば、学ぶものもまたこの自分だ、というわけであります。随ってこれこそ真の教育であり、教育というものの、いわば最高の形態といってよいでしょう。同時にこうなりますと、この「自己教育」というものは、その人の心がけ次第で、終生これを続けることが出来るわけであります。

そして、このような点から近ごろ一部の人びとによって、「生涯教育」ということが言われ出したわけであります。それというのも、学校教育というものは、最初からその年限がハッキリと示されているでしょう。つまり三年とか四年ゆけば、もう卒業だというようにですね。もっとも世の中へ出てからも、心がけの良い人は、その忙しい勤めの中から、色いろな「講座」というようなものに出席して、勉強している人も少なくないようですが、しかしその場合にもそれぞれ期限があって、これは学校などよりはるかに短期間の場合が大方でしょう。また人によっては、自分の尊敬している宗教家や学者などについて、随分永い間その方の教えを聴く――というような人も、決して無いわけではありません。しかしながらその場合でも、その人の勤めの関係上、仕事が忙しくなるとか、または他へ転勤を命ぜられるなり、さらには師匠にあたる方が亡くなられたりして、そのお話が聴けなくなる場合も少なくないようでありまます。しかるに、この「生涯教育」としての「自己教育」ということになりますと、その人の決心と努力いかんにより、生涯続けることができるわけでありまして、ここに「自己形成」の真の秘訣があるといえましょう。しかもこのような「自己教育」の根本態度ができるのが、つまり三十代の十年間というわけであります。

もちろん、この「自己教育」というものは、現在の皆さん方でも、ある程度はしていられるわけですが、しかし現在のあなた方は、まだ社会的にきびしい責任の地位に置かれていませんから、真の「自己教育」はまだまだというわけです。このように、真の自己教育というものは、責任感というものが中心となって、それによってきびしい人間的鍛練をうけるわけですから、やはり三十代に入らねば、真の軌道には乗らないわけであります。

では、そのような「自己教育」において、もっとも重要な要素となるものは何かと申しますと、それはやはり「人間関係」だといってよいでしょう。それというのも、このわれわれの社会において、何か仕事をする場合、ごく少数の例外的な職業以外は、結局、人びとの協力や支援によって、初めて可能なわけであります。この場合、少数の例外的な職業というのは、たとえば芸術家などはその一例といえるかも知れません。しかしああした特殊な仕事でさえ、それによって生計が支えられるということになりますと、仕事に関係した人々との応接もしないわけにはゆかず、また技術の巧拙の外にも、約束の期限を忠実に守るか否かによって、その人の信用は大きく左右せられるわけであります。いわんや自分が店主として、幾たりかの店員を使っているような場合には、主人の態度いかんは、鋭敏に若い店員の心に反映して、営業の上に大きな影響の生じることは、改めて申すまでもないことでしょう。

さて以上あげた二つの例は、いわば両極端な場合ですが、では一般的な会社などの場合はどうかと申しますと、ここでも近ごろは「人間関係」ということが、非常に重視せられるようになって来たのであります。そしてこれは、直接的にはアメリカの影響といってよいでしょうが、とにかく普通の会社などでも、「人間関係」が重視せられ出したということは、一般に社会が複雑になると共に、その動きが速くなりましたので、社員相互の間に、多少でもひずみがありますと、その故障が以前よりひどくなって来たからでしょう。このように世の中の速度が速くなったということは、ちょうど足で踏む自転車から、オートバイに変ったようなもので、速度が速くなると共に、一たん故障が起これば、その損害もまた大きいわけであります。

それ故、最近実業界などで、とくに「人間関係」がやかましく言われるようになってきたのは、上に申したように、わが国の経済界の異常な発展に伴って、当然この問題の重要さも増大して来たわけであります。随って三十代という人間の基礎形成期には、こうした「人間関係」への処し方、扱い方、さらにはその捌き方などについて学び、それを身につける修練を積まねばならぬわけであります。

では、そのような立場において、この「人間関係」について考える時、一ばん大事なことは何かといえば、結局それは「和」ということだと言えましょう。すなわちその組織なり団体の全員が、互いに暖かく協力し合って、摩擦とか衝突などの無いようにすることでしょう。では一歩をすすめて、そうした「和」の状態を生み出すには、一体どうしたらよいかが次に問題となるわけですが、この点こそこの「人間関係」において一ばん大切な、同時にまたもっとも困難な点だといってよいでしょう。

ところで、この点に関して一ばん大事な問題は、わたくしは上位にある人が、「無私」でなければならぬという事だと思うのであります。実さい人に長たる人にとって、何が一ばん大切な心得だといっても、この「無私」の精神ほど大切なことはないと言えましょう。そしてこの「無私」の精神は、やがてそれが人びとに対する時、「公平」な態度となるのでありまして、いわゆるえこひいきというものがないということです。実際、人の上に立つものが、部下に対して不公平な態度があったり、いわんやえこひいきなどするとしたら、たとえその人が専門の技術の上では卓《すぐ》れていたとしても、そういう人には、部下は決して信服はしないでしょう。

ところがこのように、部下が上長に対して、人間的に信服しないということになりますと、その団体なり集団の統一に弛みを生じてくるのは必然でしょう。しかも統一に弛みを生じた集団ないし団体というものは、真の力を発揮することができなくなるのであります。この事は、たとえば皆さん方でも、クラブ活動で運動部などに入っている人なら、だれにもよく分かることであります。一つの集団が全力を発揮するには、どうしても集団を構成している全員が、その心を一つにして結束しなければならぬわけですが、そのためには、その団体の中心的地位にある人が、集団を構成している全集団員の信頼を得ていなければならぬわけであります。しかもそのような信頼を博するための根本条件は、何よりも人間が公平であって、部下の人びとに対して、何らえこひいきというような点の無いことが、第一の根本条件といってよいでしょう。つまり不公平ということは、部下の人びとの間に不満の念をかき立てることになり、えこひいきということも同様であります。何となれば、えこひいきというのは、部下の人びとをその真価の通りに遇しないということでしょう。では、どうしてそういうことになるかと申しますと、結局その心が愛憎の念に晦《くら》まされるからであります。そしてそのために、一人ひとりの人間の真価がハッキリと認識できなくなるのであります。

もっとも、人に長たるものの心がけとしては、この他にもまだ色いろと考えられるわけでありまして、たとえば、当の本人自身が、実力をもっていなければならぬ――ということは、何といっても一ばん大事なことは申すまでもないと思います。いわゆる「勇将の下に弱卒なし」であって、もし指導者その人に十分な実力が欠けていたとしたら、自ら部下を統率することができず、多少とも実力を持った部下がいたら信服せず、逆に軽侮を招くという結果になりましょう。ですから人に長たる者、あるいは衆に対して統率指導の地位にある人は、つねに自己の実力を磨くことを怠ってはならぬということは、永遠の真理といってよいでしょう。

一応たしかにその通りでありますが、しかし今「人間関係」という観点に立ちますと、ここに仮りに実力からいったら一〇〇点の実力を持っている指導者と、もう一人実力という点からは多少遜色があって、九五点くらいしかない指導者とを比べて見ますと、かりにその実力は一〇〇点でも、人間として公平を欠き、えこひいきに陥るようでしたら、その専門的な実力は九五点程度でも、その人物が公平であり、かつ部下に対する思いやりのある場合には、結局後者のほうに勝目のある場合が多いといえましょう。もっとも、戦争のように勝敗を一挙に決するような場合には、必ずしも、当てはまらぬとも言えましょうが、少なくともその事業が持続的な場合には、このように考えてよいでしょう。

さて以上は「人間関係」といいながら、主として人に長たる地位にある人の心がけについて考えてみたわけですが、しかし「人間関係」というものは、ひとり上・下関係だけでなくて、横の関係も勿論考えられるわけであり、そしてここで横の関係というのは、いわゆる同僚関係を指すわけであります。ところが、この同僚関係というものが、またなかなかむつかしいものだといってよいでしょう。ではその根本原因は何かというと、結局それは、われわれ人間には「嫉妬心」というものがあって、これは非常に根深い人間的真理だと思うのであります。それというのも、わたくしの考えでは、嫉妬の情というものは、人間が自己の存立をおびやかされるような強力な競争者が出現したとなると、どんなにリッパな人といわれる人でも、この嫉妬の念なきを得ないのでありまして、唯それをどこまで露わに示すか否かに過ぎないようであります。勿論その度を越えて、自分より優越した相手を倒そうとあがくに至っては、全く論外でありまして、結局自分で自分の墓穴を掘るのがおちということになりましょう。が、とにかくこの嫉妬の情というものは、われわれ人間には、普通に人びとの考えている以上に根深いものですから、これが「人間関係」を傷つける、恐らくは最深の因といってよいでしょう。すなわち、上位にある人自身は事を公平に処しても、部下の人びと相互の間には、つねにこの嫉妬の念がはたらいているわけですから、事は決して容易ではないわけです。

このように、「人間関係」において、ふつうには表面に表われないけれど、意外にむつかしいのは、結局は同僚相互間の「人間関係」といってよいでしょう。そしてその根因が、嫉妬心にあることは前述の通りですが、ではこれに処してわれわれは一体どうしたらよいかというように、自他の実力および人間的真価を、ありのままに認識する他ないと思うのであります。そしてその際もっとも大事なのは、やはり「無私」という精神的態度でしょう。すなわち、その実力において自分より卓《すぐ》れている人に対しては、その実力が自分より勝っていることを、冷静かつ公平に認識するということであります。そうしますと、嫉妬の焔もしだいに薄れて、わが心も自然に落ちつきを取りもどすのが常であります。

では次に、上位者に対する、下位者としての心がけは、一体どうあるべきでしょうか。この点については、二つの面が考えられるのでありまして、その一つは、上位者の命には忠実に従うということであります。そしてよほどの場合でない限り、それに対して批判がましいことは言わぬということです。ではナゼかと申しますと、一部下に過ぎない立場と、広く全体を見渡して責任を負う立場とでは、物の見方の上に非常な相違があるからであります。その代わり、もし上位者から意見を徴せられた場合には、率直坦懐に自己の所信を述べるがよいと思います。ただしその場合といえども、立場の相違にもとづく見解に広狭のあることは、やはり忘れぬようにしたいものであります。ですから仮りに、上位者から意見を求められた場合といえども、あまり調子に乗って、批判がましい印象を相手に与えぬような心がけは必要かと思います。同時にこうした点について、わたくしに忘れ難いのは、かの岡田式静坐法の創始者たる故岡田虎二郎先生の言葉と伝えられる「上位者に喰って掛かって、自ら快しとする程度の人間は、真の大器ではない」という言葉が、今もって忘れ難いのであります。

次に上位者に対して、下位者として守るべきいま一つの心がけとしては、上位者に対して媚《こ》び諂《へつら》わぬようにということであります。すなわち上位者に対しては、いたずらに反抗もしないと同時に、また他の反面、これに媚び諂ったりなどしないということであります。では何故そうかと申しますと、媚び諂うということは、人間としてさもしいことであり、さらには卑しいことだからであります。同時にまたそれ故に、当の上位者自身からも、かえって軽んじられる結果となることを知らねばなりません。というのも、それによって人間としての自分のさもしい根性を見抜かれるからでありまして、この点くれぐれも注意しなければならぬと思います。

以上は、「人間関係」のむつかしさに対して、一体どうしたらよいかという問題について、若干の考えを述べてみたわけですが、しかしホンの片鱗に過ぎず、結局はそれぞれの人が、現実生活を通して自ら学びとってゆく他ないわけであります。そしてその場合にも授業科は不可避ですが、しかし「人間関係」について学ぶ授業科は、学校の授業科のように金銭ではなくて、まさに「血税」ともいうべく、すなわち切実な人生の経験とくに痛切な失敗を通して学ばされる深刻な人生教訓というわけであります。

（先生、一礼の後、しずかに壇を下りられ、校長先生と共に、退場された。）

第二十講――経済の問題

今日も名児耶承道先生は、道服姿で、校長先生のご案内でお見えになられ、しばらくして登壇。今日のテーマと共に、次のような道元禅師の言葉をお書きになられた。

「示《じ》に云わく、学道の人は、後日を待って行道せんと思う事なかれ。ただ今日《こんにち》・今時《こんじ》を過ごさずして、日々・時々を勤むべきなり」　道元　（正法眼蔵随聞記）

「では前の週のところを暗誦して頂きましょうか」といって、七、八名の者に暗誦させられた後、この「示《じ》にいわく」とは、前にも申したように、「垂示にいわく」ということで、つまり道元禅師が時どき折にふれて、お弟子の人びとに話された教訓を、二祖の懐奘《えじょう》が記録されたものであります。

一応の意味は、

「道を学ぼうと志すものは、今少し支障があるので、もうしばらくして、それが済んでから修業を始めよう、などという生ぬるい態度ではダメである。そうではなくて、今日この時を過ごさずに、日々、否、一刻一刻を疎かにしないで、ひたすらに努力しなければならぬ」と仰せられたわけであります。

それと申すのも、われわれは生ま身の人間ですから、いつ何時死なねばならぬか分からないのであります。皆さん方もご存じのように、孔子も「論語」の中で「朝《あした》に道を開かば夕べに死すとも可なり」と仰しゃっていられますが、こうした卓《すぐ》れた古人の人生に対する真摯な生き方を考えますと、わたくしなど、まだまだ生ぬるいことを深く反省せしめられるのであります。では今日のところも、なるべく暗誦して来て下さい。

この前の週には、「人間関係」の問題をとり上げましたから、今日はある意味ではその正逆とも思われる経済の問題、すなわち金銭の問題について考えてみたいと思います。ところが、この金銭の問題というものは、仲なか厄介な問題だと思いますが、それにしては、一般に大して取り上げられていないように思われるのは、一たい何故でしょうか。おそらく皆さん方にしても、これまで小学校時代はもちろん、中学校や高校に入られてからも、この金銭という問題について、正面切って教わったということは、比較的に少ないのではないかと思いますが、これは一たい何故でしょうか。わたくしは、金銭の問題について考えるには、まずこの点から問題にする必要があるのではないかと思うのであります。

では、何ゆえ金銭の問題は、学校などで表立って教えられないのでしょうか。ひとつには金銭の問題は、元来大人が直接その責任に当たるべき性質のもの故、まだ未成年の生徒には、正面切って問題として取り上げないのだろうというような考え方も、一部の人びとの中にはあるかとも思われます。なるほど、それも確かにそういう理屈が成り立たぬわけでもないでしょう。しかしながら、他の半面には、たとえ生徒や子どもにしても、お金は現に使っているのですから、全然教えなくてもよいとはいえぬという理屈も、当然成り立つわけであります。

しかしながら、このように申しただけでは、ナゼ学校でお金に関して教わることがないかということの真の理由とはなりにくいようであります。そこで、少しく観点を変えて考えてみますと、どうも金銭というものは、ひじょうに現実的なものゆえ、人間としてまだ十分成熟していない子どもたちに、お金について教えるのは、どうもいとしくて、かつえげつなさ過ぎるから——ということも考えられるのでありまして、わたくしとしては、むしろこの考え方に近いのであります。すなわちお金というものは、何らの夢も理想もなくて、ただ現実だけが、そこにむき出しになっているともいえるわけですから、まだ十分に成長していず、また経済の直接的な責任者でもない子どもたちに教えるのは、そこには一脈憚かられるものがあるというわけでしょう。そしてそれなれば、わたくしにも一応納得がゆかないわけではありません。

しかしながら、先ほども申したように、たとえ現在はまだ小学生だといっても、全然お金を扱わずにいる子どもはいないでしょう。いわんや皆さん方のような人となると、誰一人お金を持っていないという人は無いと言ってよいでしょう。しかもお金たるや、わが身がもうけたものではなくて、皆ご両親の働きによって得られたものですから、たとえ一円のお金といえども、無駄にはできないはずであります。そうといたしますと、やはりお金というものに対しても、ある程度正しい考えを持つことは、ひじょうに大事なことと言ってよいでしょう。

では金銭というものは、この人間社会において一体どのような意味をもつものでしょうか。この問いに対するわたくしの答えは、金銭というものは、この現実界にある事物に対するその引換券だと思うのであります。すなわち、われわれはお金さえ出せば、それに相当する価額の品物は、すぐに手に入れることができるのであります。ですから、そうした点からは、また金銭とは現実の事物の象徴だともいえましょうが、しかしわたくしには、やはり引換券だというほうが、はるかにピッタリすると思うのであります。たとえば人はパンの引換券を持ってパン屋へゆけば、一言の文句もなく、すぐにパンを手に入れることができるように、わたくしたちは、お金さえ持っていれば、どんなものでも自分が欲しいと思うものを、自由に手に入れることができるのであります。もちろんその場合、自分がほしいと思っている品物の値段に相当するだけの金銭を支払わねばならぬことは、申すまでもありません。

ところで、この点について想い出されるのは、わたくしがまだ大学生だった頃のことですが、人間的にもずい分リッパだと思われる人々が実業家になって、その一生を金銭のためにあくせくしているのを見て、実に不思議に感じたものであります。つまりこうした立派な人が、この二度とない人生を生涯金銭の奴隷になるなんて、一体どうしてそんな気になったのかと不思議に感じたものでした。しかし後日金銭というものが、現実界のあらゆる事物の引換券だということが分かるようになってからは、必ずしも不思議とは思わなくなったのであります。

ではこのように金銭というものが、この現実界のすべての事物の引換券だといたしますと、お金というものは、この世におけるオールマイティーといってよいのでしょうか。この点は、金銭というものについて考える上からいって、非常に大切な点だと思うのであります。もし金銭というものが、この世の中で、真にオールマイティーだったとしたら、この人間界は実に大へんなことになるわけですが、実際には必ずしもそうとは言えないでしょう。たとえば、ここに金持ちの一人子で頭の良くない子があるとして、それをお金の力で治せるかというに、そうはゆかないでしょう。また金持ちの主人がガンになって、家族の人びとにはそのことが知らされたとして、ではお金に物をいわせて、ガンを治すことができるかというに、少なくとも現在のところでは、そうはいかないでしょう。あるいはまた金持ちのドラ息子が、どうかして優秀な大学へ入りたいと思っても、金の力だけでそれが可能かというに、そうはゆかないでしょう。万一金に物をいわせて、ドラ息子が大学へ入れたとしても、そういう大学は、私立のいわゆる札つきのボロ大学といってよいでしょう。このように世の中には、まだ金銭の力だけでは、片のつかない事柄が少なくないのであります。

だが、それにも拘らず、この現実界においては、全然お金がなくては生きてゆけないということもまた事実であります。たとえば、われわれの毎日食べるご飯やパンはもちろんのこと、野菜や魚や肉類等々の副食物も――自分が作っていない限り――お金がなくては、手に入らないのであります。またわたくしたちが平素着ている衣類などにしても、お金のかかっていない物は一つとしてないわけです。現にわたくしが今着ているこの道服にしましても、なるほどわたくし自身はお金を出したわけではありませんが、しかしこれをわたくしに下さった方は、お金を出して布地を求めて作って下さったのであります。さらにまたわれわれ人間は、雨露を防ぐために住居というものが必要ですが、それもお金がなくては手に入りません。このようにわたくしどもの生活は、直接間接に金銭との関わり合いのないものは、一つとして無いわけであります。

では、それは一体どういう処からくるかと申しますと、わたくしの考えでは、結局それは、われわれ人間がこの肉体を持って生まれたという処から来ることのようであります。実際、もしわれわれにこの肉体というものが無かったとしたら、物を食べる必要もなければ、着物を着ることもいらず、さらにまた家屋の中に住む必要もないわけであります。ですから、われわれ人間に、ある程度金銭が必要だというのは、結局唯今も申すように、われわれ人間が身体をもってこの世へ生まれ出たからだといってよいでしょう。

ですから問題は、いよいよ厄介なことになったわけですね。すなわち一方からは、お金はこの世でけっして最上位に位するものではないが、さりとてまたわれわれ人間がこの肉体をもっている以上、全然お金なしでは生きられないということであります。随って、そこからして、また直ちに引き出せるわれわれの金に対する結論としては、金銭というものは、ある程度はどうしても欠くわけにはゆかないが、同時にそのために、われわれ人間は金銭の奴隷にならぬばかりか、逆にこちらが主人となって、金を支配してゆくようにならねばならぬということでしょう。

ところで、その点に関して、今一つ大事なことを申さねばなりません。それはわれわれ人間は、金銭的にも独立していないと、人格の独立も成り立たぬということであります。ところがこの点については、皆さん方のような若い人びとの中には、十分わかっていない人が少なくないように思われますが如何でしょう。しかしこの点は、あなた方のような若い人は、十分に心得ている必要があると思います。それというのも、経済的に独立していない人は、真の意味では、まだ社会的には独立の人格とは認められないことからくるのであります。ですから、あなた方もよくこの点を心得て、将来金のために地団駄踏んで悔しがっても追いつかぬ、というような羽目に陥らないようにしなければならぬわけです。そしてそれには、早くからそれ相応の備えをしている必要があるわけですが、こうした点についても、ともすればウカツな人があるようであります。

では、金銭に支配せられない人間、つまり金銭の奴隷にならぬ人間、否、金銭というものを脚下に踏みすえて、これを自由に支配し得る人間——そういう人間になるには、われわれは一体どうしたらよいでしょうか。この点について述べる前に、わたくしには、もう一つ申したい事柄があるのであります。それは一体どういう事かというと、金というものは、いわば一種の流通物であって、その点では水とよく似ているといえましょう。そこで大局から申しますと、お金という物は、大体入るだけはあらかた出てゆくものだということであります。随って、収入が多いからといって、必ずしもその人がいわゆる金持ちとも限らず、また収入が少ないからといって、必ずしも常に赤字で困っているとは限らないのであります。勿論お互いに収入は少ないより多いほうがよいわけですが、しかし収入の多い人がつねに金持ちだったり、金が余って仕様がないかというと、必ずしもそうとは限らぬということであって、ここに世の中というものは、理屈だけでは割り切れない妙味があるといえましょう。

ではどうして、そんな馬鹿なことがありうるかというと、ここに大バケツと中バケツと小バケツという三種のバケツがあるとして、初めの二つは底に穴があいているが、小バケツには穴があいていないとしたら、夕方それぞれのバケツに一パイ水を張っておいたとして、明朝どのバケツに水があるかと考えてみたら分かることでしょう。しかもバケツの穴ならすぐにも塞げますが、人間の心のバケツの穴は、いわばその人の持って生まれた性分ですから、たやすくは直りにくいのであります。

以上の喩えによってもお分かりのように、金を支配する人間になるということは、物欲に打ち克つ人間になるということであります。すなわち、「あれが欲しい」「これが欲しい」と思ったからとて、後先も考えずに買い散らさないということです。だいいち、その品がはたして現在の自分に、ど、う、し、て、も必要な品かどうか、もしそうでなければ欲しいとは思っても、さし当たってはひかえて買わずにおく——というように、物欲にあやつられないで、逆に物欲を支配し、物の誘惑に負けないような人間になることでしょう。

次にもう一つ大事なことは、先にわたくしは、たとえその人の収入は少なくても、心がけ次第では、よしんば金持ちになれなくても、金に困らぬ人間にはなれると申しましたが、そのためには、まず社会の一員となった最初に、「基礎蓄積」というものをつくるということでしょう。即ち、どんなことが起こっても、あわてふためくことのないように、基礎というか土台となる蓄積をすることであって、それの出来上がるまでは、コーヒー一パイも自分一人の時は飲まない、というくらいの堅い決心が必要でしょう。随ってそれは、家庭をもつ以前にしてしまわないと、やりにくいわけであります。それというのも独身時代なら、どんな節約もしようと思えばできますが、一たび結婚して家をもったとなりますと、それこそどんなことが起きるか分からぬからであります。

以上で、金銭の問題に関して、一おう必要と思われる事柄は述べたかと思いますが、最後に今日お話したことの一切と比べても、尚このほうが大切だと思われる事柄を一つ申して、今日の話を終ることにしたいと思います。それはどういうことかというと、そもそもお金というものは、人のために使ってのみ真のネウチがあるということであります。たとえばリンゴ三つ買って、みんなが帰ってこない間に一人で食べてしまうというのと、それをみんなに分けて一しょに食べるというのとでは、金のネウチは三倍にも五倍にも発揮せられるというわけです。つまり金というものは、それを単に自分の欲望を充たすためだけに使うのは下であって、欲望に打ち克って使わないというのは中、基礎蓄積の土台を踏まえて悠々と、時には人のために金を使うというに至って上ということができましょう。

そこで以上金銭に対する心がけを一口で申すとしたら、結局金銭というものは、自分の欲望のためには、出来るだけ使わないようにして、たとえわずかでもよいから、人のために捧げるところに、得もいわれぬ楽しい世界が開かれてくるということでありまして、このような心境になって、金もはじめて真の光を放つと申せましょう。

（先生、例によりキレイに板書を拭かれて一礼の後、降壇、校長先生と共に退室された。）

第二十一講——中江藤樹先生

名児耶承道先生、今日も道服姿で、校長先生のご案内でご入場、そしてしばらくして登壇され、一礼の後、今日のテーマと次のような、道元禅師の言葉をお書きになられた。

「示《じ》に云わく、学道の人、参師聞法の時、よくよく極めて聞き、重ねて聞いて、決定《けつじょう》すべし。問うべきを問わず、言うべきを言わずして過ごしなば、必ず我が損なるべし。
師は必ず、弟子の問うを待って発言《はつごん》するなり。心得たる事をも、幾度も問うて、決定すべきなり。師も弟子に、よくよく心得たるかと問うて、言い聞かすべきなり。」

道元（正法眼蔵随聞記）

この前のところの暗誦できる人？　といって、数名の者に暗誦させられた後、
では今日のところに入りますが、これは実に懇切丁寧なお教えですね。大体のことはお分かりかと思いますが、念のために申してみますと、
「ある時、道元禅師のおっしゃるには、「道を学ぶ者が、師について仏の法の真髄を尋ねる時には、よくよく徹底するまで尋ねるがよい。一おう納得がいったと思っても、重ねて問い直した上で、決定するがよい。しかるに尋ねるべきことも尋ねず、言うべきことも言わずに過ごしたならば、わが

身の損となる。

それから師というものは、必ず弟子が尋ねるのを待って、はじめて発言するものゆえ、一おう分かったと思う事でも、さらに幾度となく問い直して、決定すべきである。

また師のほうでも、弟子に対して「よく分かったか」と尋ねた上で、改めて説き聞かすべきである」と、いうわけで、実に懇切丁寧な教訓で、わたくしどもも、直接その場にいてお聞きしているような気がいたします。ではなるべく多くの人が暗誦して来るようにして下さい。


さて、ここ数回にわたってわたくしは、われわれ人間の生活において、比較的重要と思われる諸問題について、お話いたしましたから、この辺でひとつ方向を変えて、われわれ日本民族の生んだ卓《すぐ》れた学者の幾人かについて、お話してみたいと思います。それというのも、戦後わが国の教育は、どうもアメリカの影響を受けすぎて、民族の卓《すぐ》れた先人に関する事柄がほとんど知らされぬままに、義務教育が過ぎてしまう傾向があるからであります。そしてこういうことは、民族としていわば自分の「根」を切り捨てるようなものでありまして、愚かという以上に、甚だ遺憾であり、かつ危いことと思うのでありませす。なるほど今後は、それぞれの国家民族は、単に自国だけの考えに閉じこもらないで、ひろく心を世界に向かって開いてゆかねばならぬことは申すまでもありません。しかしそれと共に、やはりわれわれの祖先たちの中に生きて、代々尊敬せられてきた偉人については、おたがいに心して研究する必要があると思うのであります。かりに研究というまではゆかなくても、少なくともそれらの人びとに対する尊敬心だけは、失わぬようにしたいと思うのであります。そしてそのために、やはりそれらの人びとの書かれた書物とか、ないしはそれらの偉人について書かれた書物などを時どき読み返して、それらを味わってみるようにする必要があると思うのであります。

なお序でに申しますと、わたくしは平生自分がお手本として深く尊敬しているのは、カントとかヘーゲルなどというような西洋の哲学者ではなくて、わが国の徳川時代の学者でありまして、それら二、三の方については、いつもわたくしの心から離れないのであります。そしてそれは、西洋の学者と比べて血のつながりがあるせいか、深く心に響くものがあるからであります。なるほど西洋の哲学者の中でも、古代のプロチノスとかスピノザというような人には、ふかく心を引かれますが、しかしいよいよとなりますと、やはり藤樹先生とか、梅岩先生というような方に、より深く頭が下がるのであります。

そこで今そういう点から考えて、わたくしが真先にお話ししたいと思うのは、やはり中江藤樹先生であります。この藤樹先生という方は、徳川時代の比較的早い時代の方でありまして、お生まれになったのは現在でいえば、滋賀県の琵琶湖の西北寄りの農村でありまして、丁度比良山の東北の方角にあたり、戸数三十五、六戸という小さな農村でありまして、現在の地名でいえば、高島郡安曇川町の字上小川という集落であります。

ところで先生は、小さい頃から非常に聡明だったので、お祖父さんにあたる方が、米子の加藤という大名に仕えていた武士でしたが、「この子は田舎に置かないで、ひとつ自分の手許で育ててみよう」というわけで、九つの時すでに両親のひざもとを去って、祖父に連れられて遠い山陰の米子へ行かれたのであります。

ところが、その加藤という大名が、翌年伊予の国の大洲という処（現在愛媛県の大洲市）へ転封になりましたので、先生はまたもや祖父に連れられて大洲へ行かれ、そこで成人せられたのであります。ところで藤樹先生という方は、徳川時代三百年の間にも、比類のないほどリッパな学者になられた方だけあって、まだ十歳という年ごろなのに、人間というものは、いかなる地位や職業につこうが、みな身を修めることをもって、第一の根本義としなければならぬ――という人生の根本真理に目覚められたのでありまして、これは実に大したことだと思うのであります。それというのも、十歳といえば、まだ小学校の三、四年生くらいの年ごろなのに、先生はすでにこのように、人生の根本的な生き方に目覚められたといわれているのであります。

そういうわけですから、先生は大きくなるにつれて、非常な努力を以って学問をせられたのであります。そして、大洲といえば大名こそいたけれど、あまり大きくもない田舎の城下町だったにもかかわらず、先生は本格的な学問を始められたのであります。もちろん先生も、武士の一人ですから武術の研究もせられましたが、しかし当時の武士の大方はただ武術だけで、学問などしようとする者は、非常に少なかったのですが、そういう中にあって先生の学問研究は、いよいよ深められたのであります。

ところが、その頃先生には、ひとつの大きな悩みがあったのであります。それは何かというと、一生故郷を出られなかった先生のお父さんがついに亡くなられ、唯一人のお母さんが遠く離れて住んでいられるということでした。そこで先生は、しだいに老年に向かわれるお母さんに対して、どうぞゼヒ大洲へ来て一しょに住むようにして頂きたいと、何度も申し送られたのですが、お母さんからは、自分はもう年老いたので、馴れない土地へ行って暮らす気持ちには、どうしてもなりかねるというご返事なのでありります。そしてそれは、その後何度先生が申されても、返事はいつも同じことでした。

そこで親思いの藤樹先生は、ついに重大な決意をせられたのでありまして、それは、こうなっては結局、自分が武士を止めて郷里へ帰り、母親と一しょに暮らす他あるまい――という決心だったのでありります。

ところで、その時代に、武士を止めて平民になるということは、平民から武士となるのと同じく、非常にむつかしい事だったようであります。そこで何度も主君に願い出ても、どうしても容れられなかった先生は、ついに重大な決心のもとに、大洲藩の脱出を敢行せられたのであります。当時脱藩したものに対しては、各藩共に重い刑罰が加えられるのが普通だったので、先生もすぐに故里には帰らないで、百日近く京都の知人のところに身を寄せて、様子を伺っていられたけれど、追跡の様子が見られなかったので、はじめて安心して故郷へ帰られたということであります。それぱかりか後には、その大洲藩から先生のところへ青年武士たちが、大勢留学するようにさえなったのであります。

ところで、ここに一つ問題となるのは、なるほど先生が武士の地位を捨てて郷里へ帰られたのは、もちろん先ほど申したように、母一人子一人なので、そういつまでも年老いた母を遠く故郷で、一人暮らしさせておくに忍びない、というお気持ちが根本なことは、改めて申すまでもありません。しかしそれ以外にも、何か原因と思われるような事はなかったのかということが、近ごろ学者の間でも色いろ問題になっているのであります。それというのも、当時の武士階級というものは、世襲の特権階級ですから、それから離れるということは、よほどの理由がなければ考えられぬことだからであります。

かくしてここに、一つ考えられることは、先生が当時の武士階級の組織や、生活の実情を内部から見ていられますと、そこにはどうも先生のお心に添わないことが、色いろとあったのではないかということであります。たとえば、先ほども申したように、世襲制度ですから、必ずしもその地位にふさわしくないような人間が高い地位についている——ということなどもあったでしょう。現にお祖父さんの処へ藩の上役の人が訪ねて来たので、一体どういう話をされるだろうかと、先生が襖《ふすま》を距てて聞いてみた処、いっこう大した話でもなく、通俗的な世間話なのにガッカリされたというような話も残っているのであります。

さらにまた先生は、お祖父さんを通して、当時の税の徴集の実情などを見られて、農民たちの上を思われて将来自分もそうした事をしなければならぬようになるかも知れないと思うと、武士という身分に対しても、さまでの執着も無くなられたかとも思われるのであります。そしてこうした色いろな事柄が重なって、世間的には非常に恵まれた特権階級とされていた武士階級にも拘らず、先生は人びとの考えるほどには、心を引かれなかったかと思われるのであります。

さらにもう一つ、当時の大洲藩には、武士たるものは武術だけできればよく、学問などする武士は、いわば軟弱漢だと見るような空気が、一部には流れていたようであります。もっとも藤樹先生ご自身は、武術もなかなかおできになられたようですが、しかし先生としては、そうした武術一辺倒というような空気の中で、一生を過ごされることに対しては、これまたあまり心が進まなかったとも推察されるのであります。

以上、色いろな事情が考えられはいたしますが、しかし根本はあくまで老いたるご母堂と、遠く離れて住むに堪え難い深い先生の孝心が、その中心だったことは、改めて申すまでもない事であります。同時にまた先生には、先に申した、十歳の年における「立志」にも明らかなように、人間としての道を修める真の学問は、世間的にどのような地位や職業についていても出来るのであり、たとえ武士の地位は去っても、そこには何らの支障もない――という牢固《ろうこ》たる堅い信念をお持ちだったことが、その根底にあったが故と思われるのであります。

ところで、郷里へ帰られた先生が真先に当面せられたのは、他ならぬ生活問題というか、経済の問題だったようであります。そこでどうされたかと申しますと、最初は酒の小売りを始められたようでして、それにはネダンを書いておいて、自由販売されたようですが、それでも計算に間違いは生じなかったということであります。また大小を売った金を、低利で人びとに融通されたりもしたようですが、これも低い利子だったので、人びとに喜ばれたということであります。また近村の子弟たちのために、塾を開いて教えられましたが、しかし当時の授業料というものは、ホンのわずかで、とても生活の足しになるようなものではなかったようであります。しかしそのうちに、伊予の大洲藩から青年武士の有志が、いわば内地留学としてやって来るようになったので、それらの人びとの授業料のために、ようやく先生の経済面も、軌道に乗られたようであります。

ところで、先生の学問は、そうした江州の一寒村に住んでいられながら、当時のわが国の学界における最高水準を行っていられたのでありまして、これは実に驚くべきこと事だと思うのであります。たとえば、当時わが国の学者の大部分は、朱子という中国の大哲学者の書物を研究していましたが、そのうちに中国では、朱子に対して王陽明という大学者が現われて、人びとが注目し出すや、やがて先生は、いちはやくその書物を求めて、王陽明の研究に専念せられたのであります。当時書物といえば長崎に入るだけですのに、どうして先生が滋賀県の片田舎に住んでいながら入手せられたのか、不思議なくらいであります。たぶん大阪を経て京都の書店にあったのを求められたかと思うのであります。そしてそのネダンからいっても、それは当時の先生にとっては、大へんなネダンだったに相違ないのであります。

このように先生の学問は、当時わが国における最高水準だったので、人びとがその高風を慕って、熊沢蕃山のように、後に大学者となった人も、先生に弟子入りしようとされたのであります。ところが先生は、「自分にはまだ人を教えるほどの資格はない」といわれて、容易に引きうけられないのを、三日目に先生のお母さんの言葉で、やっと入門を許されたということであります。そしてこの熊沢蕃山という人は、のちにはすぐれた学者になって、備前（岡山県）の池田光政というリッパな大名の信任をうけて、政治上大きな功績を立てた人でありまして、藤樹門下の第一の俊秀といってよい人です。

ところが、藤樹先生は、どちらかといえばお弱い方で、とくに喘息の持病がおありだったために、長命でなかったばかりか、わずかに四十一歳のお若さで、早くも亡くなられたのであります。そこで村人はもちろん、近村の人びともみな親を亡くしたように嘆き悲しんで、その葬儀に列したということであります。

しかし、先生には「翁問答」をはじめとして、「鑑草」というようなお書物がありますので、先生の没後から現在に到るまで三百年あまりにもなりますが、先生の学問とそのお人柄に対する人びとの尊敬の念は少しも変わらず、今日でも先生について研究している学者は少なくないのであります。先師も藤樹先生に対しては、非常に尊信していられましたが、先師の恩師だった西晋一郎博士は、藤樹研究では明治維新後、はじめてその基礎を確立せられた方であります。また、最近高等学校長をしながら、藤樹研究で学位をとられた木村光徳博士によって、今や改めて藤樹研究の途が開かれつつあるのであります。

さて先ほど申した先生の「翁問答」という書物は、元は対話体で書かれていて、誰にもよく分かる書物ですが、その中で先生は、「正真《しょうじん》の学問と贋《にせ》の学問」ということを仰しゃっていられるのであります。そして先生は、「世間にはどうも贋の学問が多いが、われわれは正真の学問をしなければならぬ。すなわちホンモノの学問をしなくてはならぬ」と力説していられるのであります。では正真の学問とは、一体どういうものかというに、「正真の学問」の極致は、「富貴をねがわず、貧賤をいとわず、生をこのまず、死をにくまず、福を求めず、禍をさけず、唯身を立て道（真理）を行う」ような人間になることだと申されるのであります。随って贋の学問とは、つねに貧富という問題がその心中にあり、また幸福とか不幸ということによって、つねに心を動かされ、その精神が動揺するようでは、正真の学者ではなくて贋学者だというわけであります。ですから端的に申せば、名利の念を第一としているかどうかが、その岐れ目だといってもよいでしょう。

以上、藤樹先生のご一生については、ホンのあらまししか申せませんでしたが、それは文字通り、真実を求めてつらぬかれたご一生でありまして、すなわち生涯を「正真《しょうじん》の学問」の探求のために生きられた方であります。徳川時代三百年の間には、沢山の学者が出て、その数はおそらく幾百人と数えられるでしょうが、しかし先生は、それら数多い学者のうちでも、古来「徳行第一」といわれているのでありまして、いつの間にやら人びとから「近江聖人」と呼ばれて、尊崇せられるようになったのであります。すなわち、その学問と実践とが、渾然として一体となっているという意味でありまして、わたくしが数多いわが国の学者の中でも第一に尊敬し、いつもわたくしの心の底から離れないのであります

ちなみに、ここに一言申しそえておきたいと思うことは、先生のご郷里の滋賀県高島郡安曇川町字上小川にある藤樹書院は、先生のお屋敷の中に建てられた講堂でありまして、ここでは没後三百年後の現在でも、毎年九月二十五日には、村人たちによって例祭が行なわれているのでありまして、これは如何なる天災地変、その他政治上の大変がありましても——たとえば、明治維新の際とか、また先ほどの太平洋戦争で国が無条件降伏をした時でも——かつて一度として、廃止せられたことはないのでありまして、この一事を以ってしても、先生の学徳のほどが偲ばれるのではないでしょうか。

（先生、静かに降壇、校長先生と共に退場された。）

第二十二講——石田梅岩先生

名児耶承道先生、今日も道服姿で、校長先生のご案内でお見えになる。そしてしばらくして登壇。今日のテーマと次のような道元禅師の言葉をお書きになられた。

「示《じ》に云わく、仏々祖々、皆、本《もと》は凡夫なり。凡夫の時は、必ずしも、悪業《あくごう》もあり、悪心もあり、鈍もあり、痴もあり。しかれども、ことごとく改めて、知識（師）に従い、修行せしゆえに、皆、仏祖と成りしなり。

今の人もしかあるべし。我が身《み》愚《おろ》かなればとて、卑下する事なかれ。今生《こんじょう》に発心《ほっしん》せずんば、いずれの時を待ってか行道すべきや。今強いて修せば、必ずしも道を得べきなり」

道元（正法眼蔵随聞記）

前の週のところの暗誦を七、八名の者にさせられた後、

大たいの意味はお分かりかと思いますが、道元禅師がある時、お弟子の方々に仰せられるには、「今日、仏や祖師など多くの人々に仰がれているような人々も、元はといえばみな凡夫であったのだ。そしてそういう方々も、凡夫だった間は、悪業《ごう》も断ち切れず、時には良からぬ心にもなられ、また生まれつきから言っても、にぶい人もあれば、おろかな人も無かったわけではない。だが、そ

れらの方々は、みな心を改めて、それぞれリッパなお師匠さんにつき、真剣にその教えを聞いて実行せられたので、みなリッパな仏祖として、今日多くの人々から仰がれるようになられたわけである。

それ故現在の人々も、そうなくてはならぬわけである。すなわち「自分は愚かだからとか、鈍だからなどといって卑下していてはいけない。この世で発心しなかったら、一たい何時悟りが得られようか。真剣に道を求めれば、必ず得られるものである」と。

とでもいうほどの意味でしょう。ですから、お互いに、仏祖というようなリッパな人にはなれなくても、人それぞれ、分に応じて道を学び、この二度とない人生を、できるだけ有意義に生きたいものであります。つまり、道元禅師のおっしゃられたこれらのお言葉の、たとえ万分の一なりとも、お互いに体現したいものであります。

さて前回は、中江藤樹先生について、ホンのそのあらましをお話したのであります。あの時にも申したことですが、わが国の徳川時代三百年の間には、ずいぶん有名な学者がたくさん出現しましたが、しかしそれらの学者の中でも、藤樹先生はわたくしの最も尊敬している学者であります。それは何故かと申しますと、結局、学問と実践とが渾然として融け合って、一体となっていた方だからであります。では、学者として次には一体どなたを尊敬しているかと聞かれれば、わたくしは三浦梅園先生を挙げたいと思います。この方は、大分県の国東半島――あのタコの頭みたいな半島の中央に、双仔《ふたこ》山という高い山がありますが、先生はその双仔《ふたこ》山の南麓でその一生を送られながら、世界的な水準に達する大著述をなさった方でありまして、ちょっと日本人放れした方ですが、しかしその学問が余りにも深遠なために、今日でもそれほど広くは知られていないのであります。そこで皆さん方にご紹介することが出来かねますが、ここにはその代わりに、教育者として、わたくしが最も尊敬している二人の方の一人の、石田梅岩先生についてお話しようと思います。ではもう一人の方はどういう方かと申しますと、それは広瀬淡窓先生といって、大分県日田市にお生まれになった方であります。この淡窓先生の処へは、その頃ほとんど全国各地から遊学に来たというほどの大教育者でありまして、日本六十余カ国のうち一人も来なかったのは、わずか三カ国だけだったということによっても、いかに淡窓先生の名声が、全国的に広く知れわたっていたかがお分かりになりましょう。何しろあの徳川時代に、渡島《おしま》、すなわち現在の北海道からさえ、三名の入門者があったというのですから、全く驚歎の他ないのであります。

ではどうしてわたくしが、ここに淡窓先生よりも梅岩先生の方をご紹介をするかと申しますと、それは第一には、梅岩先生の教育者としてのご精神の、深くして大きいのに、わたくし自身深い感動を受けている上に、㈡さらに先生が教育の対象とせられたのが、その頃の学者からは全く見向きもせられなかった、恵まれない一般民衆の子弟だったからであります。それというのも、当時の学者たちが対象としたのは、特権階級としての武士の子弟であって、一般の民衆や町民などをかえりみた学者は皆無であった時代に、ひとりわが梅岩先生のみは、そうした恵まれない子弟のために、文字通りその一生を捧げられたのでありまして、この点、先生に対してわたくしは、深い尊敬の念をささげるゆえんであります。

同時にその頃わが国の社会は、元禄時代にあたっていて、町人の間に多少経済的な余裕が生じると共に、青少年の間には、現在見られるような非行現象が現われかけていたようであります。しかるに当時学者と呼ばれているような人々は、いずれも特権階級たる武士の子弟のみを相手にして、これらの恵まれない子弟を顧みる人はいなかったのであります。これだけのことを申しただけでも皆さん方は、この石田梅岩先生という方がいかなる方かということの一端はお分かりになりましょう。しかしさらに驚くべきことは、この石田梅岩先生という方は、四十二歳までは呉服屋の番頭をしていられたのでありまして、この一事だけを考えても、徳川時代三百年の間に出た多くの教育者の中で、藤樹先生についでわたくしが尊敬しているゆえんも分かって頂けるかと思うのであります。

では、先生のお生まれはどこかと申しますと、現在京都府の亀岡市の南端にある山間部の東別院集落であって、そこは大阪府との境に近い山中ですが、その一農家に生まれられたのでありまして、現在もそこには子孫にあたられる方が住んでいられて、わたくしも一度お訪ねしたことがあります。

ところで、先生の少年時代について、一つの注目すべき逸話が伝わっているのでありまして、それは先生がまだ子どものころ、山畑へ遊びに行かれたところ、秋のころとて栗が落ちていたので、先生はそれを拾って帰られたのであります。するとそのことを聞かれた先生のお父さんは、「お前はその栗を一たいどこで拾ってきたか」と尋ねられましたので、先生は自分が拾った場所を答えられますと、お父さんは「それならその栗の木は隣の畑のだから、今から返して来なさい」といわれて、せっかく拾って喜んでいた栗の実を、先生は元の場所へ返しに行かれたのであります。この話は先生の一生を考える上から、非常に重大な意味を持つ話とせられているのであります。

ところが、その後少年期に入られますと、先生はその頃の風習として、京都に出て呉服屋の小僧（小店員)になられたのであります。しかし先生は、そのように呉服屋の小僧にはなられましたが、心の底では将来ある年齢に達したら、恵まれない人びとのために道を説く身になりたいとの考えがあって、修業を怠らなかったのであります。ところが幸いなことに、主人のお母さんという方が、よく物の分かったご婦人だったので、先生が容易ならぬ人物だということを早くも見抜かれて、蔭ながら色いろと援けられたようであります。

そこで先生は、そのころ京都で名の聞こえた色いろな学者について学ぼうとされましたが、どうもピッタリしなくて困っていられたようですが、やがて小栗了雲という世間的にはそれほど知られてはいないが、しかし心から尊敬できるリッパな方を見出し、その方を師として、その教えを受けるようになられたのであります。そして永い年月の間一心に学んで、先生ご自身はほぼ道(性)の体得ができたと思われたので、ある日そのことを師の小栗了雲先生に申し上げた処、一ぶ始終を聞き了えられるや先生は、「お前の考えにはまだ我が残っている。真の道(性)というものは、我を離れたものでなければならぬ」と教えられたが、それはまるで生卵を大きな岩にブッつけたような感がしたと、後日梅岩先生は申していられるのであります。

かくして梅岩先生は、その後も引きつづき道を求められて、やがて「心眼」の開かれる日がついに来たのであります。そこで先生は、今こそ起って、恵まれない一般大衆、とくにその子弟のために、道を説くことを始められたのでありまして、時に先生は四十三歳だったのであります。しかし、何しろそれまでは、ただ無名の呉服屋の一番頭でしかないわけですから、そのころ学者の中には、「ナニ?あの勘平

（先生の実名）が、本の講釈を始めたというのか。分を知らないにもほどがある」といって、嘲笑したということであります。しかし皆さん!!そうして先生を嘲笑した当時の学者たちは、今日その名前すら残っていないのに、梅岩先生のお名前とご精神とは、脈々として生き続けているのでありまして、現に今日わたくしが皆さん方に対して、こうして先生のことをお話申すのも、実は先生のご精神が、わたくしの口を通して、皆さん方に語りかけていると申してもよいでしょう。同時に、このように考えますと、この一見果ないように見える地上の営みにおいても、一人の人間がその生涯を賭けて生きた真実というものが、いかに偉大な実を結ぶかということがお分かりでしょう。

そこで、この石田梅岩先生のご一生については、皆さん方のうち心ある方々には将来ゼヒ研究して頂きたいと思いますが、それについて申したいのは、先生の伝記として最も卓《すぐ》れたものは、「石田先生事蹟」というものであります。これはホンの薄くて短い小冊子ですが、主だったお弟子たちの師を思う一念が凝り固まって結晶したもので、幾多の伝記の中でも類のないほど卓《すぐ》れたものであります。それというのも、この「石田先生事蹟」は、もともと先生の命日に門人たちが集まってお祭りをする際に、門人一同が声をそろえて一しょに読むために作られたものでありまして、その原案は、先生の一番弟子の手島堵庵という人が書き、それを門人一同が集まって、一字一句の末にいたるまで、練りに練り、磨きに磨いて、出来上がったものであります。それ故わたくしは、この「石田先生事蹟」は「福翁自伝」とならんで、わが国における「伝記」中の白眉だと思うのであります。

ところが面白いことに、日本の学者たちは、この書物が梅岩先生ご自身の著述でないからといって、これまで余り重んじなかったのでありますが、最近アメリカの「日本研究」の学者群の一人にベラという学者がありまして、この人による梅岩研究では、この書物がもっとも重視せられているのであります。とにかくこの「石田先生事蹟」を読みますと、これまで梅岩先生などという名前さえ聞いたことのない皆さん方でも、石田梅岩先生という方が、いかに卓《すぐ》れたリッパな方だったかということが、どなたにもよくお分かりになられると思うのであります。たとえば、この本を読みますと、先生は道を歩くにも、つねに心していられたということが分かるのであります。というのも、「先生は、夏は日向《ひなた》を歩きて人に日陰をゆずり給う。冬は先生日陰を歩きて人に日向をゆずり給う」とありまして、こうした短かい一句によっても、先生のお人柄の一端が伺えるのであります。

また先生は、生涯独身で過ごされましたが、それは妻子があると、どうしても道の布教の妨げになるから、とのお考えからだったのであります。また先生は、生涯自炊というような、まことにご不自由な生活でしたが、それは自ら衣食のために働かないで、門人たちの支援によって生活を支えられている身ゆえ、できるだけ質素な生活をしなければならぬ——というお考えからだったようであります。また、ご郷里へお帰りになられる途中でも、路ばたで小用を足されたということはなくて、野菜のためを考えて、必ず田畑の中に入って用を足されたということが記されており、また釜の底に残ったご飯の残りは、とって置いて雀のために与えられたと書かれているのであります。

ところが、さらに注目すべきことは、先生はいよいよ講釈を始められるにあたり、聴講料というものは一切徴収せられず、また男子女子の席の境は、ミスで距てをつくって、女性にも聴講を許されたのでありますが、この一事を見ましても、わが国の民衆教化史上における、実に革命的な出来事といってよいでしょう。しかしこうまでされても、初めの間はほとんど聴衆がなかったということですが、それもムリのない事でありまして、いくら「席料入り申さず」と書いてあっても、ついこの間まで呉服屋の番頭だった人間が、学者のまねをして講釈を始めた、というのですからムリもありません。その為にある晩の如きは、聴衆が唯一人しか無かったので、その場にいたお弟子たちが、「先生!! これでは余りにもったいないですから、今夜は講釈はお休み頂きますように――」と申し出たところ、先生は「イヤ、わしが講釈を始めようと決心した時には、たとえ聴き手は一人もなくても、見台(小机)を相手に講釈するつもりだったのだ。いわんや今夜はお前たちの他に、もう一人聴き手があるに、どうして止めることが出来よう」と言って、お続けになられたということですが、こうした話一つだけでも、やはりその精神が永く後世に生きる方だと思うのであります。

このような有様で、はじめの間は、先生の講釈を聞く人も少なかったようですが、しかしそのお話のリッパな事が、しだいに人から人へと伝えられるようになり、ついには非常に盛んになられたのでありました。それどころか先生には、先ほど申した一番弟子の手島堵庵の他にも沢山の卓《すぐ》れたお弟子ができて、先生の没後も、衰えるどころか、ますます盛んになって、ついには京都から大阪へ飛び火し、さらには江戸や広島へも飛火して、いずれも明治維新以後まで続いたのであります。否、現在でも毎月先生の命日には、門人たちの集まる処さえあるのであります。これに反して「呉服屋の番頭風情が――」といって嘲笑したかつての日の学者たちは、現在その名さえ残ってはいないのであります。

ところが最近では、先程も申すように、むしろアメリカの学者の中には、熱心な研究者が出つつあるようでありまして、それには日本という国は明治維新以後、どうしてあのように急速に西洋文化を摂取することができたのか?という点に着目して、その研究を進めていったところ、日本の近代化の萠芽は、すでに徳川時代に見出され、そしてそのうち最も顕著なものが、外ならぬこの石田梅岩先生の教えであって、それは商人に適正な利潤を肯定していられる点にあると見ているようであります。わたくしはかねてから、わが国の学者のうち、自分の専門以外で石門心学に対して——梅岩先生のお教えを、後世このように呼ぶようになりましたが——関心をもつ人は、もうそれだけで、どこか特色のある学者といってよいと考えているのですが、その数はおそらく百人中二、三人程度かと思うのであります。あるいはそれ以下かも知れません。ですから、どうぞ皆さん方の中からも、「自分は学問などはしないが、しかし石門心学には興味がある」というような人が、一人でも多く出て頂きたいものであります。

（先生、しずかな興奮のうちに一礼、そして降壇、校長先生と共に退場された。）

第二十三講――剣聖宮本武蔵

名児耶承道先生は、今日も道服姿で、校長先生のご案内でお見えになられた。やがて登壇の後、今日のテーマをお書きになられたが、どういうわけかそれ以外には、何もお書きになられなかった。

やがて先生は、おもむろに口を開かれて、「四月から皆さん方にこの講話をするようになってから、最初の間はご存じのように、良寛の歌や詩をご紹介して来たのであります。そしてそれは良寛の人柄が、いかにも清らかなために、われわれ日本人には芭蕉と並んで、広く民衆の心の底に生きていると考えるからであります。すなわち、ある意味では詩と宗教とが、渾然として一如に融け合っている稀有の人格であって、これは日本人の最も愛好する人間類型といってもよいでしょう。

ところが七、八回前からは、良寛についで道元禅師のお言葉を、主としてその「正法眼蔵随聞記」の中から選んで、ご紹介して来たのであります。では、どうして道元禅師のご紹介をしたかと申しますと、それは道元禅師は、親鸞聖人や日蓮上人と並んで、鎌倉時代に出現した最高の宗教的人格だからであります。同時に道元禅師に対しては、良寛も非常に尊敬していられたからであります。

ところが前回で簡略ながら道元禅師のご紹介を了えて、次には道元禅師とは、ある意味では正逆の立場に立たれる親鸞聖人についても、この際多少のご紹介をしたらと思うのであります。

ところで、「正逆の立場」と申しましたのは、普通には道元禅師のお立場は「自力教」であるに対して、親鸞聖人のお立場は「他力教」といわれていることを言うわけですが、しかしこの点については、そう簡単に割り切ることは出来ないのではないかと考えるのであります。しかしこうした点については、今日はこれ以上立ち入ることは、さし控えたいと思います」

さて前回と前々回には、中江藤樹先生と石田梅岩先生のお話をいたしましたが、そのうち藤樹先生は、真に学徳一如の稀有な卓《すぐ》れた学者にして同時に教育者でありますが、石田梅岩先生もまた卓《すぐ》れた教育者であり、とくに庶民教育の創始者というべき方であります。そこで今日は多少方向を変えて、剣聖ともいわれる宮本武蔵について、お話してみたいと思います。と申しますのもわたくしのこの話は、主として徳川時代の卓《すぐ》れた人物の中から、特にわたくしが好きで、平素つねに尊敬している人を五人ほど選んで、それらの人びとの人間像の片鱗をお話して、将来皆さん方が研究されるためのタネまきというか、多少の手引きになったらと思う次第であります。

ところが宮本武蔵については残念なことに今日皆さん方が武蔵について読もうとされても、小学生向きの簡単なものなら無いでもありませんが、多少とも立ち入った詳しい本となりますと、ほとんど絶無といってよい有様です。そこで普通の人びとの武蔵に関する知識は、結局吉川英治の小説から得たもののようであります。ところがあれは、あくまで小説でありまして、事実とは違うのであります。たとえば、武蔵は青年時代に、禅を沢庵禅師に学んだことになっていますが、そうした事実は歴史的にはないのであります。それというのも吉川英治は、武蔵の剣を禅から来ていると言いたいために、ありもしない事をつくり出して書いたのでしょう。

ところが、武蔵の剣は、禅僧なんかに教わったものではなくて、生涯一剣を提げて、自己を鍛えに鍛えることによって、ついに到達した世界が、おのずから禅の境地に通じるものがあったというだけのことであります。ところが、さらに困ったことには、あの本はご存じのように、巌流島における佐々木巌流との試合で終っていますが、あれはまだ武蔵の二十九歳の時のことであります。ところが武蔵はその後六十二、三歳まで生きていて、晩年は肥後の細川家に客分として仕えたのであります。そしてそれまでは、全国各地を遍歴して、つぶさに世態人情に通じた人であります。しかるに「吉川武蔵」は、そうした巌流島以後の全国遍歴を、みな巌流島の試合以前にくり上げているのであります。今日武蔵に関して信頼のできる本がないために、大方の人の武蔵観が、結局史実的には、歪曲せられた「吉川武蔵」によって作られていることは、大へん遺憾なことでありまして、こうした点から考えますと、「吉川武蔵」というものは、まさに功罪相半ばする書物ともいえましょう。

では宮本武蔵は、一体どこに生まれたかということですが、この点についても「吉川武蔵」は、岡山県の東北隅に近い英田郡の旧宮本村に生まれたとしていますが、この他にも、そうではなくて兵庫県揖保郡太子町の字宮本に生まれたという二つの説がありまして、まだ確定していないようであります。さて武蔵の父親も仲々剣道に達していた人のようでありまして、瓜のツルにはなすはならぬというわけです。武蔵がいかに超凡の人物だったかということは、すでに十三歳の少年でありながら、当時ひとかどの名の聞こえた有馬喜兵衛という剣客を斃し、ついで十六歳の春には、但馬の国(兵庫県)で秋山某というものと試合して、これも難なく打ち殺したので、その頃からようやくその名が世間に知られるようになったのであります。

その後京都に出て、その頃日本一の剣道の大家といわれていた吉岡家の当主の清十郎という者に、試合を申し込んだのであります。ところが、相手は真剣なのに武蔵は木剣でしたが、これまた一撃のもとに打ち殺してしまったのであります。その際武蔵は、相手には何ら恨みはないからといって、止どめを刺さなかったために、家へ連れ帰って生きかえったけれど、自ら恥じて僧侶になったということです。ところが、その弟に伝七郎というものがあって、非常にこれを口惜しがって、武蔵に試合をいどんだけれど、これまた一撃の下に斃されてしまったのであります。ところが度重なる不首尾に、門人たちが語り合って、伝七郎の子の又七郎というものを立てて、試合を申し入れたのであります。その時は数十人という大人数で、洛北一条寺の下り松(石川丈山の詩仙堂の少し手前の処)で試合をすることになりまして、これには武蔵の知人たちも流石に心配して、助太刀をしようと申し出るのを断わった武蔵は、その朝早く起きてその地に行き、物蔭に隠れて待っていたのであります。それというのも前二回の試合には、武蔵はいつも遅れて行ったので、吉岡側は今日もむろん遅れてくるだろうと油断して、ボツボツ集まりかけている処を暁闇の中から飛び出した武蔵は、片端からやっつけた為に、吉岡勢は、命からがらみな逃げ去ってしまったというわけです。

またいつのことか、武蔵が江戸に出ていたころ、夢想権之助というものが試合を申し込みましたが、その時武蔵はたまたま揚弓《ようきゅう》の細工をしていましたので、その割り木を持って立ち向かったところ、相手は会釈《えしゃく》もせずに打ちかかってきたが、武蔵は一撃の下に相手を打ち倒したとあります。またある時は伊賀の国（三重県）で、宍戸某《ししどなにがし》という鎖鎌《くさりがま》の名人に出逢って、野外で試合をしたところ、相手がくゝさりを振り出すところを、武蔵はそれを避けて、短刀を抜いて投げつけたのが、相手の胸に刺さって動けなくなった処を、すぐに斬り倒したというわけです。このように、武蔵はその諸国遍歴中、六十何回も試合をしたということですが、その間一度として敗けはとらなかったと、自分でも書き残しているのであります。

しかしそれらのうち、一番有名な試合は、やはり例の巌流島における、巌流佐々木小次郎との試合ですが、その起こりは、武蔵が父の剣道の門人で、そのころ九州の小倉藩で家老をしていた長岡佐渡という人を訪ねたところ、小次郎の名が高かったので、試合を求めたのであります。

ところがその前日の晩に、武蔵はその家老の家を抜け出して、行方不明になったのであります。そこで長岡佐渡の方では驚いて色いろ探して見たところ、下関の船問屋の処にいることが分かったので、家老も安心したわけであります。では何故そんな事をしたかというに、試合の当日は、小次郎は細川侯の船で、試合の場所に決められた船島(向島)にわたり、武蔵の方は家老の船で行くことになっていたのですが、しかしそれでは万一の場合、家老に迷惑をかける事になっては相済まぬから――という深慮から出たことらしいのですが、武蔵という人は万事にそういう深謀遠慮の人だったようであります。

ところが試合の当日、武蔵は日の高くなるまで起きないので、船宿の亭主がたまりかねて起こしたところ、そこへ小倉から「小次郎はすでに島に渡ったから――」という催促状が届いたけれど、武蔵は悠々として「程なく参るべし」と返事し、亭主から櫓《ろ》をもらい、それを削って木刀を作りながら、悠々と小船で渡る途中、カンゼヨリでたすきをつくって、ようやくにして到着。しかも大刀は船中におき、短刀のみをさし、木刀をもって素足で波打際をゆくこと数十歩。小次郎はたまりかねて、憤然として違約を責めたが、武蔵は黙然としてそれに答えない。そこで小次郎は、今やたまりかねて、三尺余の大刀を抜き放って、鞘を水中に投げるや、武蔵は笑って「小次郎負けたり!!」という。すると小次郎は怒って「何ゆえ負けたりというか」となじれば、武蔵は「勝つなら鞘を捨てる道理がない」という。そこで小次郎は、今やたまりかねて武蔵の眉間《みけん》を打つや、武蔵の木刀は早くも小次郎の頭を打ったので相手は倒れたが、小次郎もさる者とて、伏しながら刀を横に払ったので、武蔵の袴のすその辺を三寸ばかり割いたが、武蔵の二度目の木刀によって小次郎は全く息絶えた。そこで武蔵は、手をかざして小次郎の鼻の辺に近づけて、その死を確かめた上、検死の方に向かって一礼するや、再び小舟に乗って下関に引き上げ、家老の佐渡には手紙で礼を述べたというのが、有名な巌流島の試合のあらましといわれています。

　このように武蔵は、試合に出かけるにも下関からし、試合後もまた下関へ引き上げたのは、ひとえに家老の長岡佐渡に迷惑のかからぬようにとの深い配慮に基づくのであります。また相手は真剣で向かってくるのに、自分の方は手作りの長い木刀を以ってのぞんだのも、おそらくは、小次郎の大刀が物干竿といわれるほどの長刀だったので、それより長い剣は急には手に入らないので、手製の長大な木刀を以って対したのでしょう。いずれにしても、武蔵という人は超凡な英傑であって、普通に「剣客」などといわれる程度の物さしでは、到底計れない大人物だったようであります。

　ところで武蔵は、この巌流島の試合を最後として、それ以後三十年以上の間、ついに一度も試合はしなかったようであります。それが果たして何故であるかは分かりませんが、あるいは「勝敗即生死」という厳烈、否、凄惨な世界を越えたところに、人生の他の一面を見出したが為かとも思われます。と申すのも、それ以後の彼は、先ほども申すように諸国遍歴の旅だったからであります。そしてその間、剣道を教えてはいても——というのは、それによって彼は自らの生活を支えると共に、旅の費用もそれによって得たことでしょうから——しかし試合はもうしなかったようであります。大阪の陣や関ヶ原の合戦には、豊臣方に加わって闘ったと言われますがその確証はなく、やがて天下が徳川に帰するや、彼はいよいよ現世的なものから離れて、西に東にはた北へと、諸国をへ廻ったらしいことは、各地に伝説や口碑として、伝わっている事からも察せられるのであります。その一例として、出羽の国の正法寺が原において、一童子を得たが、それが後に成人の暁、小倉の小笠原藩の家老にまで出世した宮本伊織の少年時代だったのであります。またその後、尼崎街道で馬の口取りをしていた一童子の健気さに目を止め、これも養子として迎えたのが、後に宮本造酒《みき》之助という奇篤な武士になりましたが、後に故あって旧主のために追腹を切ったのであります。その他松江とか名古屋などでの逸話もありますが、ここには省くことにいたします。

　しかしやがて、武蔵の真価を深く認識していた細川忠利が肥後（熊本）の大名となるや、招かれてその客分となり、かくして武蔵の晩年の生活は、熊本で過ごすこととなったのであります。しかるに、その頼みの綱だった忠利が間もなく亡くなりましたので、それ以後は、剣道の指南以外は世を捨てて、詩歌や書画、ならびに種々の細工物などに心を遊ばして、悠々と閑日月を楽しんだようであります。しかるに剣の道において非凡だった武蔵の絵は、今日国宝または重要文化財として貴ばれ、またその作った刀のつばなども、非常な名品が多く、まことに行くとして可ならざるは無く、まさに達人の至芸というべきでしょう。

しかるに正法二年の春ごろから病気になった武蔵は、再び起てないことを知り、後進のために、かの有名な「五輪の書」や「兵法三十五箇条」、および「独行道」等を書き残して、この絶世の「剣聖」もついにこの世を去ったのであります。時に六十二歳、また六十四歳ともいわれます。なお「五輪の書」はかれの「剣道の哲理」を書き残したものといってよく、また「兵法三十五箇条」は、その筋書きともいうべきものであります。そして「独行道」に到っては、まさに彼の世界観・人生観の圧縮ともいうべく、文字通り彼の「遺書」と言ってよい物でしょう。そこで最後に、この「独行道」十九カ条をかかげて、つたないわたくしの話の最後を締め括ることにしたいと思います。が、それにしても剣を学んで古来名人の称ある人は無数にあるのに、それら数ある人々の中において、ついに「道」に達し、人々から「剣聖」と呼ばれたこも、まことに故あるかなと思われます。

独行道

一　世々の道に背くことなし。
一　よろずに依怙《えこ》の心なし。
一　身に楽しみをたくまず。
一　一生の間欲心なし。
一　居宅に望みなし。
一　身一つに美食を好まず。
一　末々什物となる旧き道具を所持せず。
一　わが身にとり物を忌《い》むことなし。

一　我（れ）事において後悔せず。
一　善悪につき他を妬まず。
一　何れの道にも別れを悲しまず。
一　自他ともに恨みかこつ心なし。
一　恋慕の思いなし。
一　物事に数奇《ずき》好みなし。
一　兵具は格別、余の道具たしなまず。
一　道にあたって死を厭わず。
一　老後財宝所領に心なし。
一　神仏を尊み神仏を頼まず。
一　心常に兵法の道を離れず。

（先生、朗々としてこれを読み了えられ、感慨深きおももちにて壇を下られ、やがて校長先生と共に退室された。）

第二十四講——二宮尊徳翁

名児耶承道先生は、今日も道服姿でお越しになり、校長先生のご案内で入場。やがて壇上に立って一礼の後、今日のテーマと次のような「歎異抄」の一節をお書きになられた。

「弥陀《みだ》の誓願不思議に助け参らせて、往生をば遂ぐるなりと信じて、念仏を申さんと思ひ立つ心の起こる時、即ち摂取不捨の利益《りやく》に預けしめ給うなり。
弥陀の本願には、老少・善悪の人を択ばれず。ただ、信心を要とすと知るべし。その故は、罪悪深重、煩悩熾盛《しじょう》の衆生を助けんがための願にてまします。」

親鸞（「歎異抄」第一条）

これは有名な「歎異抄」の第一章の主要な部分ですが、この「歎異抄」という書物は、親鸞の弟子の唯円が、師の没後お弟子たちの間に信仰上の異論が生じたので、それを歎いて、自分が生前親鸞から直接聞いた信仰のギリギリのところを書き止めて、同信の人びとに残されたものでありまして、直接親鸞の書かれた物以上に、深くかつ端的に親鸞の信仰を伺いうるものとして、非常に尊重せられているのであります。

随って、その意味を十分皆さん方に納得のゆくように解説するというには、大へんな時間がかかりますし、第一わたくし自身にそうした力があるとも思われませんので、ここにはホンの一応の大意だけを申すに留めて置きます。

「人間の理屈では到底分からない阿弥陀如来というみほとけの、不可思議極まる広大なお誓いのお蔭で、人はただ〝阿弥陀仏と名告り給うみほとけに、すべてをお委せ申し上げます〟という意味をもつ念仏を唱えさえすれば救われると信じて、念仏を申す心の起こった時、そのままみほとけの救済にあずかるのである。

しかも、このような阿弥陀仏のお誓い（本願）には、年令のいかんや、善人なら救うが悪人なら救わぬなどというような、一切の条件はなく、ただ念仏さえ申せば必ず救われるという信心だけが必要である。それというのも、みほとけのお誓いは、罪が深くて煩悩の盛んなわれわれ凡夫を救ってやろうとのお誓いだからである」

以上はなはだ不十分な意訳とも解説ともつかぬものですが、それを補うには、どうぞ今日帰られたら、本文を暗誦して頂く他あるまいと思います。というのも、こういう深い意味をもった古典に対しては、結局暗誦するに限るからです。

さて前回には、剣聖宮本武蔵について、ホンのあらましをお話したのであります。同時にその際にも申したことですが、どうも遺憾なことには、武蔵について一おう信頼ができ、かつ何人にもたやすく手に入るような手ごろな本がないということです。そしてそのために、ほとんどの人が、結局吉川英治の小説「宮本武蔵」によって、武蔵の人間像を心に描いているようですが、あれは前にも申したように、あくまで小説であって、事実とはかなり大きく違っている上に、あの小説は二十九歳の巌流島の試合で終って、あの試合以後、晩年肥後の熊本で亡くなるまでの武蔵の後半生というものは、全く欠けているのであります。もっともこの点は、同じく小説ではありますが、まだ小山勝清という人の「それからの宮本武蔵」のほうが、ある程度事実を踏まえて書かれていると言ってよく、もし手に入ったら、わたくしとしてはむしろこの方を読まれることをお奨めいたします。

さて前置きはこれだけとして、今日はひとつ二宮尊徳について、あらましのお話をしてみたいと思います。もっとも戦後に生まれた皆さん方には、二宮尊徳といっても、一体どういう人かを知っている人は、きわめて少なかろうと思います。かりに名前くらいは聞いていたとしても、その人が一たいどういう一生を送った人であるかとか、いわんやこの人の一体どういう処が偉大であるかというような点については、真に理解している人は、非常に少ないのではないかと思うのであります。

ところが、戦前のわが国では、ほとんどの学校には、玄関のわきとか、あるいは校門を入った処などに、この二宮尊徳の少年時代の姿が、石像や胸像で立っていたものであります。そしてそれは翁の幼名が金次郎というのでしたから、「金次郎さんの像」と呼ばれて、子どもたちに親しまれていたものであります。それは小さな少年が、背中にたきぎを背負って、歩きながら本を読んでいる姿であります。このように申せば、あるいは皆さん方の学ばれた小学校にも、あった学校のほうが多かったかと思うのであります。では、この金次郎さんの異様ともいうべき姿は、一たい如何なる意味をもつかと申しますと、それはまだ年端もゆかない少年の身でありながら、父を失った貧しい中から起ち上がり、刻苦精励して、後には多くの貧しい人びとを救ったその人生へのスタートを浮き彫りにした像なのであります。すなわち、その超凡なエネルギーが、そもそも如何なるところに基因するかということを、象徴している姿であります。すなわちそれは勤労と勉強という、ともすれば結びつき難いこの二つの働きを、一身の上に切りむすばせつつ動的に統一している、最も具体的な人間像と言ってよいでしょう。そして彼は、それを踏まえつつ、やがて広大な世界観と人生観を築き上げると共に、そこから強靱無比なエネルギーが絶えず噴出して、その生涯を救民救世のために、文字通り東奔西走した、民族の代表的巨人の一人というべきであります。

ではこのような巨人は、いったい何時ごろ、そして何処で生まれたかと申しますと、二宮尊徳は天明七年、すなわち、今から大よそ二百年ほど前に、神奈川県の西部、現在の小田原駅から北方約七、八キロの農村に生まれたのであります。家は昔はやや裕福な方でしたが、父の利衛門という人の代になってからは、お人好しの上に病身だったために、しだいに田畑を売って貧しくなり、金次郎の育つころには、貧乏のドン底に陥り、そこで父親に死なれましたので、やむなく伯父の万兵衛という農家に預けられたわけですが、少年ながらすでに大人に劣らず働いた上に、夜になると一心に勉強したのであります。するとそれを見ていた伯父は、「百姓に学問はいらぬ。油代が損だから止めるがよい」と言われたので、そこで考えた金次郎は、ある時、人の捨てた油菜の苗をひろって、近くの酒匂《さかわ》川の川床を耕して植えたところ、意外によくできて、そのために油を買わなくてもすむようになったのであります。同時にそれによって金次郎は、「積小為大」すなわち「小を積んで大と為す」という宇宙の根本真理の一つを、すでに少年のころに、身を以って体得したのでありまして、これは彼の一生を貫いた根本信条の一つとなったのであります。

やがて伯父の家を退いて、一本立ちになった金次郎は、人の耕さない空地を耕して田畑としたが、それは当時のきまりでは、租税が掛からなかったので大へん有利だったのであります。そしてそのために、三十歳の半ばころには、すでに所有の田畑が三町半にもなり、少年時代には一時貧乏のドン底に陥ったのに、それから二十年足らずの間に、村でも指折りの農家となったのでありまして、これは全く奇蹟といってよいでしょう。

もっともそれには、ただやみくもに働くだけでは、そうは行かないのでありまして、そのうち金次郎はつてを求めて、小田原藩の大久保侯の藩中に出入りするようになり、困っている人びとには、金の融通もしたりしているうちに、経済の生きた法則を体得するようになったのであります。そこで、そうしたことからして、そのころ小田原の大名だった大久保侯――この人は、例の大久保彦左衛門の後裔にあたる人ですが――は、尊徳のただ者でないことを見抜かれ、やがてそれが動機となって、侯の分家にあたる栃木県の桜町という処にあった、宇津家の財政の建て直しを命ぜられたのであります。しかるに尊徳は、このような難事業に当たるには、一切を捨ててかからねばならぬとの一大決心のもとに、わが財産のすべてを売り払って、素裸になってその桜町に乗り込んだのであって、その時尊徳は三十六歳という男盛りだったのであります。

ところが、桜町というところは、戸数としてはわずか二百戸にも足りない一寒村でしたが、永い間の荒廃のために、民心は極度に疲弊して、さすがに絶世の大人物だった尊徳の努力を以ってしても、まるでザルに水を注ぐようなもので、どうにもならなかったのであります。かくして、桜町へ赴任していらい八年近い歳月を経過したにも拘らず、どうにもならなくなった尊徳は、ここに一大決意をもって、ついに成田の不動に二十一日間の断食祈願をすることになったのであります。ところがその満願の日に、忽然として尊徳の悟ったことは、これまでの自分は、随分村民を可愛がったつもりでいたが、いまだ真に「一円融合」の境地には到っていなかったことが分かったというのであります。こうしてその心境に一大転換が行なわれるや、二十一日間の断食の身にも拘らず、尊徳は千葉の東北方にある成田の不動から、板木県下の桜町まで百粁ほどの道を、下駄ばきで一気に突っ走ったといわれているのであります。わたくしが初めてこのことを知ったのは、ちょうど尊徳が桜町へ入ったのと同じ三十五、六歳の頃でしたが、その時しみじみと痛感したですね。後世偉人と呼ばれるほどの人物は、実にこのように超凡なものかと、深い感慨に打たれたのであります。かくして尊徳は、成田における三七日の断食祈願から帰るや、これまでのあらゆる難関は、まるで氷の融けるように次々と解決して行って、最初に予定した十年にして、桜町の復興は一おう成就したのですが、その根本はひとえに尊徳の心中に、「一円融合」の大境地が開けたからであります。同時にこれがまた、やがて尊徳の哲学の根本原理ともなるわけであります。そして藩主の大久保侯から、「汝の道は〝徳を以って徳に報いるもの〟である」とほめられ、以後現在に至るまで、尊徳翁の教えは〝徳に報いる道〟として「報徳」の教えということになったのであります。

　その後、尊徳の名がしだいに知られるようになると共に、あちこちから、疲弊した農村の救済を求めるものが相次いだのですが、それらのうち最大のものは、現在の福島県下にあった旧相馬藩の経済復興の委嘱であって、これが有名な「相馬藩の仕法」と呼ばれるものであります。

ところでこの相馬藩の仕法の中心人物となったのは、後に尊徳の娘ムコになった富田高慶という人物ですが、この人が尊徳の門に入った事情については面白い話があります。それというのも、高慶は相馬藩の藩主から、窮乏した藩政を救うべき使命をうけて江戸に留学し、当時幕府の唯一の大学だった昌平黌に学んだのですが、その昌平黌の学者たちの講議を七年間も聞いても、ついに窮乏した農村を救う道を説く学者は一人もいなかったので、絶望の果て帰国しようとしたのであります。ところがある晩風呂屋で入浴中、浴客の一人から尊徳のことを聞かされて、「斯の人ならあるいは教えて貰えるかも知れぬ」と考え、ついに一切の持ち物を売って旅費にかえ、桜町へ行って入門を願ったところ尊徳は「忙しくて本読みなど相手にしている暇はない」といって、剣もホロロに断わられたのであります。ところが富田もさる者で、「ハイ、そうですか」とは引きさがらず、ついには寺小屋を開いて、自活しながらガン張っている事を耳にした尊徳は、ある日「では一度逢ってみよう」ということになったのであります。

ところが高慶が尊徳の前に出たところ、尊徳はこの相馬藩切っての秀才に向かって、「時にお前はまめという字を知っているか」というではありませんか。そこで致し方なく豆という字を書いて見せますと、「ホホゥ、お前の豆は馬も食わんが、わしのは馬が食べるぞ」といって、たもとから五、六粒の大豆を出して、高慶の前にころがしたと申します。同時にその一瞬に高慶は、真の学問とは如何なるものかということを、豁然として悟ったのであります。ちなみに、この富田高慶という人は、やがて尊徳の門人中の筆頭となり、後に尊徳が没するや、その伝記をわずか一週間ほどで、一気呵成に書き上げた人でありまして、それが有名な「報徳記」であって、今日なお尊徳の伝記中の白眉とせられているのであります。

ついでに申しておきたいのは、尊徳は武蔵と違って、将来皆さん方が研究しようとせられれば、いくらでも参考資料がありますが、しかし普通の人でしたら、この「報徳記」という伝記と、もう一つその思想信念を書いた「二宮翁夜話」というものがあって、このほうは門人の福住正兄が、尊徳のコトバを時どき書き止めておいた、聞き書きを集めたものでありまして、普通の人でしたらこの二冊の本をよく読めば、一応それで十分ですから、ゼヒ読んで頂きたいと思います。

ところで、この「夜話」を読みますと、民族の生んだ最大の偉人の一人といってよいこの人が、何ゆえかくも偉大かということがよく分かりましょう。そして、尊徳翁の思想信念の基本骨格というべきものは、㈠至誠、㈡勤労、㈢分度、㈣推譲、という四つの根本原理といってよく、そしてこれらの原理の意味が、大へん興味ふかい実例によって、たれにも分かるように書かれているのであります。とにかくに、この尊徳という人は、道徳と経済という普通にはまったく異質的と考えられる二大領域を、広大な哲学観の下に、一元的に統一して説いたという点で、これを世界的に見ても、ほとんど類例がないと言ってよい「巨人」ですから、皆さん方も将来ゼヒ研究して頂きたいと思います。

なお尊徳には、その深遠な哲理を誰にもよく分かるようにと、和歌の形に詠んだものが――これを道歌と言いますが――かなり沢山ありますから、最後にそれらのうち二、三を次にご紹介して、今日の話を了えることにいたしますが、これらの歌は、そのうちのどの一つをとってみても、実に深遠な哲理を

蔵していると いえましょう。

一、いにしへは此世も人もなかりけり高天ケ原に神いましつつ
一、古道《ふるみち》につもる木の葉をかきわけて天照らす神のあしあとをみむ
一、声もなく香《か》もなく常に天地《あめつち》は書かざる経をくり返えしつつ
一、増減は器かたむく水と見よあちらに増せばこちら減るなり
一、ちうちうと歎き苦しむ声きけば鼠の地獄猫の極楽
一、飯と汁木綿着物ぞ身を助くその余は我れを責むるのみなり
一、山寺の鐘つく僧の起き臥しは知らでしりなむ四方《よも》の里人

(先生、これらの歌を書き終られるや、朗々と声を出して詠まれ、感慨ふか気におもむろに壇を下られ、校長先生と退場された。)

第二十五講——吉田松陰先生

名児耶承道先生は、今日も道服姿で、校長先生のご案内でお出でになり、やがて登壇。一礼の後、今日の題目と共に、次のような「歎異抄」の一節をお書きになられた。

「各々《おのおの》、十余ケ国の境を越えて、身命《しんみよう》を顧みずして、尋ね来らしめ給う御志《おんこころざし》、偏《ひと》へに、往生極楽の道を問ひ聞かんがためなり。

しかるに、念仏より外に、往生の道をも存知し、また、法文《ほうもん》等をも知りたるらんと、心にくく思《おぼ》し召しておわしまして侍《はんべ》らんは、大きなる誤りなり。もししからば、南部(奈良)・北嶺(叡山)にも、ゆゆしき学生《がくしよう》(学者)たち多くおはせられて候なれば、かの人にも逢ひ奉りて、往生の要、よくよく聞かるべきなり。

親鸞におきては、ただ念仏して、弥陀に助けられまひらすべしと、よき人(法然上人)の仰せを被ぶりて信ずる外に、別の子細なきなり」

——「歎異抄」第二条——

ではこの前のところの暗誦のできる人?(すると二十数名が挙手。その中五名に当てられると、五名とも美事に出来たので、先生も感心される)では今日の処は大へん名文ですから、長くても暗誦しやすいと思いますが、もし長くてムリな人は、最後の点を打ったところだけなりと、ゼヒ暗誦して下さい。

では今日のところの大意ですが、そのためには、親鸞聖人のたどられた一生を、ホンの概略でも知っている必要がありましょう。さて親鸞は、師の法然上人が、人間は唯念仏さえ唱えれば、善人でも悪人でも、みな一様に救われると唱えた為に、旧い仏教徒たちは、これを危険思想として朝廷を動かし、ついに法然上人をはじめとして、お弟子たちは、それぞれ流罪に処せられ、親鸞聖人は越後の国、即ち今の新潟県下へ流されたのであります。

しかしやがて七年の刑期を了えた親鸞は、他の人びとのように京都へは帰らず、東国の常陸の国(今の茨城県下)に赴いて、そこで師の教えを極貧の農民たちの間に拡められたのであります。こうして二十年ほど農村布教をしたあげく、六十三歳のころ、漂然として一人京都へ帰られ、浪々として「独居自炊」の生活の中で、その信仰を深められたのであります。

ところがそういうわけで、後に残された関東の信者たちの間には、信仰上色々と異論が生じ、そのために、はるばる京都の親鸞の許を訪ねるお弟子たちも少なくなかったようでありまして、この第二条の初めの処は、こうした事情を頭に入れて置く必要があるわけです。さて大意は、

「みなの衆は、それぞれ十余ケ国の境を越えて、全く命がけで、はるばるとこのわたしを訪ねてこられたお志は、ひとえに救済すなわち極楽往生の道を確かめたいためであろう。

だが、このわたしが、念仏以外に救済の便法や、何らか法文でも知っているとでも考えているとしたら、それはとんでもない誤りですぞ。もしそのように考えられるなら、奈良や叡山には、有名な学者たちが沢山いることだから、それらの人々を訪ねて、救済の道についてトコトン聞かれるがよかろう。

ただわたしとしては、お師匠の法然上人の仰せをそのまま丸信じに信じて、念仏を唱える以外には、何の理屈もわけがらも知らないのですぞ」

流石にどうもキッパリしたものでしょう。しかしまことの信仰というものは、こういうものでしょう。ではなるべく多くの人が暗誦するようにして下さい。

前回にはわたくしは、二宮尊徳翁についてお話したのですが、今日は引きつづき、吉田松陰先生について、そのあらましをお話してみたいと思います。同時にこれより、徳川時代においてわたくしの尊敬する五人の人というテーマが、一応完了するわけであります。

さて松陰先生は、天保元年に山口県萩の東郊の旧松本村に、藩士の杉百合之助の第二子として生まれられたのであります。もともと杉家は、下層武士といってよい家柄で、いわば半士半農というべき家だったようであります。家は旧松本村でも町中からやや離れた閑静の地でした。先生には、二つ下に千代という妹があって仲の良い兄妹でした。母の滝子は心の温かい婦人で、そのうえ百姓仕事もよく働いたといわれます。先生は六歳の時、親戚の吉田家をつぐことになりましたが、しかし生家の杉家で育ったのでした。この吉田家というのは、代々山鹿流の軍学で藩に仕えた家柄であり、父百合之助の敬神尊皇の精神は、小さい頃からそのタネが蒔かれたようであります。かくして先生は、清貧の中でひたすら純潔な人間精神を育くむ理想の教育を、田園のわが家において受けたわけであります。

さらに先生には、ある意味では父以上に教育的感化をうけた叔父に玉木文之進という人があり、この人はかの乃木大将を教育した剛直の武士であって、先生はこの叔父の精神も受けついだのであります。後年松下塾の村人たちは、初対面の時には、一見婦女子のようにおだやかな先生の内面のどこに、あのような激しい「猛気」が潜んでいるかと怪しんだということですが、それはこの叔父玉木文之進から来ているようであります。かくして先生は、村の子どもたちがまだ凧あげを楽しんでいるころ、すでに兵学の家をつぐべき芽生えが育くまれつつある早熟の少年だったのであります。そして十一歳の年には、すでに藩主の前で、山鹿素行の「武教全書」の一部を講じ、その英才は藩中の認める処となったようであります。

しかしながら、封建制度の矛盾はようやく激化して、全国各地に百姓一揆が勃発し、ついで大塩平八郎の乱によって、幕府の屋台骨はゆさぶられ、他面外国からは開国を迫られるという、真に内憂外患の時代だったのであります。そうした中を父百合之助は、日々藩庁に出勤することになり、また叔父の玉木文之進は、自宅に「松下村塾」という表札をかかげて、松陰先生の兄弟その他の少年を教えていましたが、やがてまた藩庁出仕を命ぜられて、塾も閉ざされたのであります。

やがて十五歳となられた先生は、立志の自覚を深めるとともに、ようやく諸外国のアジア侵略のことを知り、しだいに覚悟を深めて、兵学研究に没頭するようになり、求められて、藩学刷新の上申書を藩主に提出されたのであります。かくて二十一歳になった先生は、初めて九州の旅に上られ、長崎にゆかれて和蘭船にも乗り、ついで目的地の平戸に至り、山鹿流の軍学者葉山佐内について、国防の急務たることを学ばれたのであります。そして滞在五十日、その視界を広められて、帰途にも再び長崎により、ついで熊本・柳川・佐賀などをへて帰国したのでしたが、翌年正月、今度は藩命によって江戸へ兵学研究の旅に上り、佐久間象山の門に入られたのですが、やがて宮部鼎蔵と房総地方を旅し、同志の青年たちと相知り、しだいに藩境を越えて物事を考えるようになられたのであります。

房総旅行を終えるや、次には宮部と自費で東北地方の旅を企てましたが、藩の許可が得られず、ついに亡命の旅となったのでありまして、ここに先生の悲劇的運命の第一歩が踏み出されたといえましょう。そして、水戸では会沢正志斎に逢い、初めて深く国体観に目覚めたのでしたが、ついで白河、会津、新潟、佐渡、弘前等を経て、津軽海峡を距てて松前の地を望み、夷国船の通過を歎いていられるのです。ついで一路南下して、盛岡、米沢をへて、百四十日ぶりに江戸の藩邸へ帰られるや、違法亡命の故を以って、直ちに帰国の命が下ったのであります。

かくして国に帰られた先生は、一転して読書に専心され、国史や世界地誌等をよむに及んで、国家興亡の歴史的必然を悟られたのであります。亡命のかどによって藩士の籍は失われましたが、杉の実父の監督下に置かれただけでした。しかもこの際注目すべきことは、父百合之助の願い出によって、今後十年間、先生は諸国遊学の願いが許されたのでありまして、これは暗黙のうちに、藩主の慶親侯が先生の偉材を惜しまれたからでしょう。そして高松から大阪に出、奈良で森田節斎や谷三山などに逢い、ついで伊勢神宮に参拝して、津では斎藤拙堂と逢い、かくして大和を中心にして、ほぼ近畿の名士を歴訪し、ついで中仙道を通って一路江戸に向かい、やがて江戸着。伯父の竹院を鎌倉に訪い、そこで名利を越えることを教えられたのであります。

かくして先生が、鎌倉から江戸へ帰られた翌日、ペルリの浦賀入港、和親通商の要求は、忽ちにして国民を恐怖のドン底に落し入れたのであります。この事を知るや先生は、直ちに浦賀へ急がれたのですが、米艦の暴状を見た幕吏たちは、もはや国書受理の他ないことを上申したので、ついに幕府も国書受理に決したのでした。同時にここからして、幕府体制の動揺が始まるわけであります。即ち幕府は諸大名に意見を求めたが、意見区々の中に、さらに露艦三隻が長崎に入港し、今や国の東西をあげて、恐るべき危機は、刻々と迫りつつあったのであります。そしてそれが、先生の心に日夜去来したのであります。

同時に、今や先生にとっては、佐久間象山が唯一の師となり、象山もまた先生を愛して、秘蔵弟子と目されるようになったのであります。かくして先生は、藩主に上書を重ね、また身内や親族の者たちにも、国家の運命がいかに深憂の状なるかを、切々と説かれたのであります。

かくして嘉永六年九月、先生は象山の命によって西下の途につかれましたが、それは実に海外漂流という決死的な一大冒険の為だったのであります。まず京都では、天皇のご近況をそれとなく伺い、やがて大阪より瀬戸内海を経て下関へ、ついで熊本では横井小楠に逢い、目的地の長崎についた処、肝心の露艦は、数日前すでに上海へむけて出航した後だったのであります。そこで先生は再び東上の途に上り、途中萩によって雄藩連合の要を説き、伊勢に立ち寄り歳末上京されるや、やがてペルリの再度来航により、幕府はペルリの要求を全面的に受諾しようと決心して、「日米和親条約」十二ヶ条はついに調印せられましたが、それはやがて、新たなる国内不安に油を注ぐ結果となったのであります。

ところが先生は、おりから上京中の家兄梅太郎から、自後謹慎するとの誓約を書かされましたが、その翌日には、集まった同志に対して「渡海」の計を打ち明けられたのであります。そして先生は、持ち物のすべてを売り払って支度し、ついに象山との約を果たすことになったのであります。しかるに計画は巧く搬ばず、やがて米艦の後を追うて下田へ行き、待つこと十日、ついに三月二十七日米艦に近づいたけれど、陸地に送り返され、やがて江戸に送られて監禁の身となられたのであります。しかし先生は、取り調べの役人に対しても、堂々とその所信を述べて、毫も悪びれた処が無かったとのことであります。やがて刑は決まり、象山・松陰・重之助は、共に自藩で「禁錮」ということで、生きて再び父兄に逢える寛大な処置だったのであります。すなわち、後日の先生の処刑は、下田における米艦乗り込みの失敗のためでは無かったわけで、この点誤解のないようにして下さい。

やがて萩へ送られた先生は、野山獄に入れられましたが、先生に対する杉家一同の心情には、何ともいえぬ美しいものがあります。同時にそこからして、先生の激しい読書生活が始まるわけですが、しかも国家のことは、一日も先生の心を去らなかったのであります。

かくして有名な野山獄における、先生の獄中講義となったのであります。即ち当時最年少だった先生が、出獄の期なき囚われの人びとに対して、「孟子」の講読を通して、人生の意義と人間の生き方とを講じられたのでありまして、その筆記があの有名な「講孟余話」であります。しかるに安政二年の歳末、許されて野山獄から帰宅せられた先生は、二日目には、わずか三畳半の自宅の一室で、すでに孟子の講義を始められましたが、聴くものは父と兄の他、親戚のもの一名だったとのことであります。けだし幽囚から還られた先生の身上を憐れんだ肉親の人々の、限りない温かい計らいといってよいでしょう。しかしそうした間にも、先生の国体観はいよいよ深められていったのであります。

こうした身内の人々相手の講義が、やがて拡げられて「松下村塾」となるや、志ある青年たちの聴講が多くなり、やがて塾の増築と共に塾生たちの政治運動は活発化し、ついで塾における兵学教授が公式に許可され、銃陣の操練までも行われたのであります。同時に門下生の中には、京阪から江戸までも遊説に出かける者さえ出て、松下村塾の精神は、今や天下に行なわれるの兆しが見え出したのであります。

しかるに井伊直弼が大老となって、日米通商条約が調印されるや、そうした武断政治に対して、志士たちの活躍はしだいに活発となり、その間、密使降下の動きに対して、幕府は老中間部を上洛させて、志士の弾圧を始めたのであります。かくして先生は、間部の暗殺を策した疑いで、野山獄に厳囚の命と共に、塾も閉鎖の宣告を受けたのであります。

しかるに、やがて江戸呼出しが伝えられ、五月二十五日先生は、いよいよ東送の身となられ、六月二十五日江戸着。その日直ちに、伝馬獄に下ったのでした。ところで役人たちは、最初は梅田雲浜関係で先生を処分しようとしたのに、先生は自ら「死罪二件」ありとして、間部要撃策と大原下向策とを自白され、死を覚悟して「正気重ねて発生の時必ずある也」との確信のもとに、十月二十七日ついに死刑に処せられたのであります。そして後に残されたのは、

身はたとひ武蔵の野辺に朽ちぬとも留め置かまし大和魂

親思ふこころにまさる親ごころけふの音づれ何ときくらん

の二首と、次の詩によって、先生の短かりし三十年の地上の「生」を終わられたのであります。わたくしは、われわれの民族において、最も「純粋な人は？」と聞かれれば、明治維新以後では宮沢賢治を挙

げ、維新前では松陰先生を考えるのでありまして、先生の場合その「純粋な生命」のすべては、文字通り国のために捧げられたのであります。今やわれらの民族は、実に重大な転換期を迎えようとしつつある秋、そぞろに先生の悲壮なご一生を追懐せずにはいられないのであります。

我れ今国の為に死す
死して君親に負《そむ》かず
悠々たり天地の事
鑑照明神に在り

（沈痛な朗誦の声が終るや、先生はしずかに壇を下られ、校長先生と退場されたが、満場寂として、しばし起つ者はなかった。）

第二十六講 ―― 明治維新をめぐって

名児耶承道先生、今日も道服姿にて、校長先生のご案内で入場せられる。やがて壇上に立たれて一礼の後、今日のテーマと共に、「歎異抄」第二条の続きをお書きになられた。

「念仏は、実《まこと》に浄土に生るる種子《たね》にてや侍《はんべ》るらん、また地獄に落つべき業《ごふ》にてや侍るらん。総じてもて存知せざるなり。たとい、法然上人に賺《すか》され参らせて、念仏して地獄に落ちたりとも、さらに後悔すべからず候。その故は、自余の行も励みて仏《ぶつ》に成るべかりける身が、念仏を申して地獄にも落ちて候わばこそ、賺され奉りてといふ後悔も候わめ。いずれの行も及び難き身なれば、とても地獄は一定《いちじょう》すみかぞかし。云々《うんぬん》」

――「歎異抄」第二条のつづき――

「さて、前の週のところの暗誦のできる人？」すると三十名ほどが挙手。そこで、そのうちの数名に当てられると、いずれもスラスラと暗誦ができた。そこで先生はさらに、「では〝歎異抄〟の最初のところから暗誦できる人」といわれると、これも八、九名が手を上げた。そこでその中四名に当てられると、いずれもよく暗誦できた。そこで先生は、「この前の〝正法眼蔵随聞記〟にしても、いわんやこの〝歎異抄〟というような、有名な宗教的古典は、たとえその一部分でもよいですから、それを暗誦することができたら、あなた方にとっては、一生の宝となることでしょう。ですから、一人でも多くの人が暗誦されるように希《こいねが》って止みません。では今日のところは、この前の処のつづきですが、大意は、

念仏を申しても、果たして確実に救われて、極楽に生まれることになるやら、それとも、その為に地獄に落ちることになるやら、実際のところはわたしにも皆目《かいもく》分からぬのです。だがわたしは、たとえお師匠の法然上人にだまされて、念仏した為に地獄に落ちたとしても、さらさら悔いる気持ちはないのですぞ。ナゼかというに、それは念仏以外に何か他の努力をしたら往生できたのに、それをしないで念仏を唱えた為に、地獄に落ちたというのだったら、お師匠さまにだまされて地獄に落ちたという後悔の念も起きようが、そうではなくて、念仏以外に救われる途は、何一つ知っていない身なんだから、してみれば、たとえお師匠さまのお言葉に従って、念仏して地獄に落ちたとしても、毫《すこ》しも悔いるところはないはず。もしそうだとしたら、このわたしという人間にとっては、地獄こそ自分の住むべき処だということになるわけだが、皆さんこのわしの気持ちがお分かりかな。

と、いうほどの意味でしょうか。ではここもどうぞ暗誦してきて下さい」

さて前回まで五回ほどわたくしは、自分自身が平素ひそかに尊敬している民族の先賢の一人一人について、それぞれホンのあらましのスケッチというか、概観をお話してみた次第でした。時間の制限があるとはいえ、非常に不充分でありまして、顧みてまことに申しわけない気がいたします。しかしそれにも拘らず、これら民族の先賢について、たとえお粗末ながらもお話できたことは、やがてそれが一種のタネまきとなって、今後皆さん方が、それぞれ自分の好きな偉人について、研究せられるようにと念じ

てのことであります。

それ故、ついでにこの際、卓《すぐ》れた先人について研究する場合に大切と思われる点について、一言してみますと、(一)それらの偉人の考えたこと、為した事柄を、現在の立場から、批判的に見るという立場、それをかりに第一の立場としますと、第二の立場は、そうではなくて、その偉人が生きていた時代を考え、自分もその時代の一人になったつもりで、その偉人の思想や行動を、いわば内側から考えてみる立場、これをかりに第二の立場といたしますと、もう一つの立場は、これらの何れとも違う立場でありまして、それは、もしその偉人が現代というこの時代に生きていたとしたら、一体どのような生き方をするであろうか――と考えてみる立場でありまして、この第三の立場は一ばんむつかしいわけですが、同時にわたくし自身にとっては、この立場が一ばん意義のある研究態度ではないかと思うのであります。これらの点については、今はこれ以上詳しいことを申している暇はありませんが、ご参考の一端にと一言申してみた次第です。

さて、以上わたくしがご紹介してきた人々は、ご承知のようにいずれも徳川時代の人であって、たとえば中江藤樹先生の如きは、今から三百年以上も前に生きていられた方ですし、また最も近い人、たとえば尊徳翁や松陰先生にしましても、百年以上も前に、すでに亡くなられた方々であります。ではどうしてわたくしは、選りに選って、こうした徳川時代の人々のみを選んだかと申しますと、そこにはそれだけの理由があってのことであります。それにはまず第一に、明治維新以後の人ということになりますと、もちろんそこにも幾多の偉《すぐ》れた人は輩出しているわけですが、しかし維新以後の人物ということになりますと、どうも時代の距たりが近か過ぎまして、どこか一脈の生生しい感じがいたしますが、その点徳川時代の人ということになりますと、今日から見ますと非常な距離がある上に、その間に明治維新という一大変革が介在していて、それが大きな遮断作用をしているのであります。同時にそのために、いわば生生しい現実的な連続感が消えて、その全人間像が非常にハッキリと浮かび上がってくるのでありますす。そうした点では、たとえば内村鑑三とか河上肇などという人も、非常に顕著な個性をもった人びとですから、維新以後の人物の中では、比較的その人間像がハッキリした人といえましょう。しかし何といっても、明治維新以後の人々の場合には、明治維新というような大きな遮断がありませんので、ともすれば単なる模写的理解に了る危険がないとは言えません。その点、徳川時代の人物の場合には、そういう危険性がないわけであります。

このように明治維新という変革は、単に人物研究という上から考えても、実に絶大な遮断作用を演じているわけですが、しかしそれは明治維新という巨大な変革のもつ属性の中の一つに過ぎないのでありますす。もっとも、時代というものを遡ってゆく主体は、結局人間以外にはないわけですから、そうしますと、維新前の日本人と、維新後の日本人とでは、そこにどのような相違があるかということは、非常に興味のある問題なばかりでなく、現在といえども、否、現在こそ、とくに重要な意味をもつ問題だともいえましょう。

その点に関して、一つご参考までに申すとすれば、わたくしは明治維新以後の人物より、維新前の人物のほうが、人間としては、概して偉らかったんじゃないかと考えるのであります。もし偉いというては異議があるとすれば、どうもまともな人が多かったように思うのであります。そしてその事は、たとえば、前回に申した吉田松陰先生の如きは申すまでもありませんが、その他橋本左内・坂本龍馬・横井小楠等々、いわゆる幕末の志士と言われるような人々と、伊藤博文・山県有朋・岩倉具視・大久保利通等というような、いわゆる明治の元勲と言われるような人々とを比べてみる時、そこにはどうも顕著な相違が感じられるのであります。ただ、西郷南洲だけは違っているようですが、これにはまたそれだけの理由があるのでしょう。

そこで問題は、このような明治維新を境として、同じく日本人でありながら、そこに人物の相違が見られるという事は、歴史というものを考える上で、大へん重要な点ではないかと思うのであります。どうも戦後のわが国の歴史研究は、マルクス主義の影響をうけて、とかく人間不在の研究が多かったといえそうですが、しかし歴史をつくる主体は、どこまでも人間自体でありますから、この辺から改めて、歴史上の人物の研究が必要ではないかと思うのであります。でないと、外見の上からは、一応同じような行動をしていても、その態度ならびにエネルギーの源泉に、大きなひらきを生じるからであります。

しかし、それにしてもわたくしは、明治維新について考えるごとに、常に無量の感慨に打たれざるを得ないのであります。ここにわたくしが、「無量の感慨」というのは、その規模の大きさ、またその鮮やかさ、しかもそこには、ほとんど最低の犠牲しか払われなかった、等々という点を考えますと、全く「奇蹟」という他ない感がするのであります。同時に、どうしてあのような「巨大な奇蹟」が可能だったかと、わたくし如き人間には、その理由を突き止めることなど、一生かかってもどうも不可能と思われるのであります。同時にそれだけに、民族の歴史上「最大の奇蹟」だとの感を禁じえないわけです。

しかし、こう申しただけでは余りにアッケなく、ある意味では無責任とのそしりを免れぬとも思われますので、非常に突飛と思われましょうが、ここに一つだけ、わたくしの考えを申してみますと、それは三百年の永きにわたる「鎖国」というものに、その巨大な一因があるのではないかと思うのであります。普通に人びとの多くは、鎖国はわが国の進歩を非常に妨げた誤った政策であるというのが、史家の見解のようですし、また確かにそういわれるべき面がないではないでしょう。しかしながら、真に歴史を大観する立場に立ちますと、あの鎖国はわが国にとって、一つの巨大な貢献をしているのではないかと思われるのであります。では、どういう点からそのような事を言うかと申しますと、それはあの三百年に及ぶ鎖国によってわれわれの民族は、巨大な潜在的エネルギーを蓄積することができた、という点から申すのでありまして、それがあの「明治維新」という巨大な変革を、しかも世界史上にも比類のないほどの美事さをもって、成就せしめたのではないかと思うのであります。同時にこの事は、「鎖国」というような、これまた世界史上にも全く類例のない異常な断行を敢えてしたものが、他ならぬ民族の深奥な自衛本能によるものだったことを考えますと、三百年という長い年月の間に蓄積された潜在的エネルギーの爆発として、維新の変革の巨大だったのも、むしろ当然といってよいでしょう。

しかし、それにしてもわたくしは、あの江戸城の無血開城の鮮やかさ美事さについては、幾度それを読んでも、そのつど感嘆と感動の他ないのであります。広く世界史を見ても政治上、新旧権力の移動が、かくも美事に行なわれた場合が、果たして他にその類例があるでしょうか。それ故われわれにとっては、明治維新の研究は、何故それがかく有り得たかという深因の探求に、その重点が置かれねばなるまいと思います。すなわち、それを単に勝海舟と西郷南洲という二人の人物が偉かったからという程度の結論では、どうも不十分ではないかと思うのであります。もちろんそれは現実の事実であって、あのような一触即発の危機を回避し得たのを、他の外的副次的な条件に求めないで、これら二人の巨大な人物の、天空海濶ともいうべき恬淡な人間的態度に帰する考え方自身には、もとよりわたくしとても賛同を惜しむものではありません。しかし、この際わたくしとして申したいことは、そのような大人物が、一体どうして生まれたかという問題こそ、より重要ではないかと思うのであります。そしてそれは、やがてわれわれ日本民族の民族性と、如何なる内的連関が考えられるかというような点こそ、わたくしには最大の関心事といってよいのであります。もちろん、こう申したからとて、わたくし如き人間には、それを突き止め得るなどという気持ちは毛頭ありませんが、唯このような、いわば民族性に根ざす生命の不尽根ともいうべきものに対して、わたくしは首を垂れずにはいられないのであります。

さらに、そうした出来事をもう一つ挙げてみますと、それはいわゆる「版籍奉還」であります。ご承知のように、版籍奉還というのは、それまで何百年という永い間支配してきた土地と人民、ならびにその生産物等の一切を奉還した大事業ですが、それを薩摩・長州・土佐・肥前というわずか四藩の主唱にも拘らず、三百諸候が、ほとんど何らの異論もなく、全く無条件で賛成したということは、これまた、おそらくは世界史上にも、その類例なきことかと思うのであります。それにしても、版籍奉還ということは、三百名にあまる当時の諸大名が、いわばその飯ビツを投げ出して、素裸になったということでありまして、そのような歴史上空間の大事件に対して、何らの異論も抵抗もなく、全く血一滴流さずに、かかる難事業がスラスラと敢行せられたという事と、かの新旧交替のクライマックスとしての江戸城の明け渡しが、何ら流血の後を見ずして行なわれたということは、今や「第二の明治維新」ともいうべき重大な転機を迎えようとしつつあるわれらの民族にとって、まことに絶大な「歴史的教訓」というべく、切に皆さん方の今後の研究を切望してやまないしだいであります。

（先生、今日も感慨ふかい面持ちで話を了えられ、一礼の後降壇、校長先生と退場された。）

第二十七講 —— 明治の時代と人

今日も道服姿の名児耶先生は、校長先生のご案内でご入場。やがて壇上に上がられ、一礼の後、今日のテーマと次のような「歎異抄」の言葉をお書きになられた。

「善人なをもて往生を遂《と》ぐ、いわんや悪人をや。しかるを、世の人つねに言わく、悪人なお往生す、いかにいわんや善人をやと。
　この条一旦そのいわれあるに似たれども、本願他力の意趣にそむけり。そのゆえは、自《じ》力作善《りきさぜん》の人は、ひとえに他力をたのむ心欠けたるあいだ、弥陀の本願にあらず。
　しかれども、自力の心をひるがえして、他力をたのみたてまつれば、真実報土の往生をとぐるなり。」

（「歎異抄」第三条前半）

では前週のところを暗誦して戴きましょう。サァできる人？」すると今日も二十名以上が挙手。そこで先生が当てられると、みな美事に暗誦ができた。そこで先生が、「では〝歎異抄〟の最初から暗誦のできる人？」といわれると、十名近くの手が挙がったので、そのうち三名に当てられたら、いずれもスラスラとできた。

さて今日かかげたこの第三条の前半は、〝歎異抄〟全体の中でも、もっとも有名な処ですから、ここだけは出来たらすべての人が暗誦できるようになって戴きたいと思います。次に大たいの意味を申してみますと、親鸞聖人の仰せに、

「わたしの信仰からいうと、ふつうの善人でさえ、念仏を唱えれば、みな救われるのだから、まして自分を悪人だと内省して念仏する人の救われぬはずがない。しかるに、世間の人々の多くは、「悪人でも念仏を唱えさえすれば救われるんだから、まして善人の救われないはずがあろうか。」とつねに言う。

なるほど、こうした言い分は、一おうその意味がないでもなさそうに思われるが、しかしこういう考えは、すべて自分の計らい心を捨てて、一切をみほとけに委せ奉ることによって救われる——というほとけの〝お誓い〟の心に背くわけである。

それというのも、わが一切をみほとけに委せ切れないで、かれこれとわが計らいを捨てかねる人は、いわゆる自力作善の人であって、まだみほとけをたのむ心が欠けているために、そうした人は、ほとけのお心にはかなわぬわけである。

だが、そういう人でも、もし心をひるがえして、みほとけを頼み奉れば、ついには救われて、真実の極楽浄土に往生させて戴けるわけである」と。

さて前回には、わが国の明治維新という歴史上未曽有の大変革をめぐって、平素わたくしが心のうちに考えている事柄について、二、三お話してみた次第であります。ところで、そのうち皆さん方にとって、どうも納得がゆかない人が多かろうと思われるのは、鎖国を以って、結局わが国の為になったという見解でしょう。この点については、学者の間でも色いろ意見が分かれているわけですが、ただわたく

し自身は、前にも申すように、結局鎖国時代を通過した方が、国のために良かったのではないかと考えるのであります。そしてそれは、三百年間の封建時代には、大名たちが互いに競争して政治に努力したために、産業方面はもとより、文化や教育方面においても、民衆の間にある程度浸透したわけであります。そしてそのことが、やがて「明治維新」によって、異質の外来文化が押し寄せても急速にこれを摂取し、消化する力が蓄えられていたと考えるのであります。つまり受け入れ態勢が、すでに徳川時代にかなりな程度まで出来ていたのであります。そしてこの点に関しては、最近アメリカの学者の一部には、日本以外のアジアの諸国は、一つの例外もなく白人種に征服せられて、その植民地にせられたのに、何ゆえ日本だけが、見事に近代文明を築き上げたか、という問題を取り上げて研究しているようですが、それらの人々の到達した結論は、結局、徳川時代三百年間の大名政治、すなわち封建制度によってその基盤が築かれた点に、その最大の原因があるという見解に達しているようであります。これはとりもなおさず、結局三百年に及ぶ「鎖国」が、これまで普通に考えられて来たようなマイナス面だけでなくて、一種の見えないプラス面を用意したともいえましょう。

　ではそのような巨大な潜在的エネルギーの蓄積の一大爆発としての明治維新、ならびにその後の連続的発展としての、いわゆる明治時代というものは、一たい如何なる意味をもつというべきでしょうか。それに対して今日言えることは、わが国の明治時代というものは、われらの民族にとっては、国運発展のための基礎形成期だといってよかろうと思います。そしてそのための標語として、いわゆる「富国強兵」という二大標幟が掲げられ、かつ強調せられたのであります。そしてこの二つは、そのころ中国各地の主要な都市が、西欧列強の租借地として押さえられていたという、当時のアジアの情勢としては、一おうムリからぬものがあったと思うのであります。もちろん現代の時点に立って考えれば、中国の民衆と握手して、かれら白人種の勢力を駆逐すべきであったという主張は、現代の情勢から考えれば、確かに正しい主張であり、否、全く理想的な見解と言ってよいでしょう。ただ現実の歴史というものは、それが現実なるが故に、そうした飛躍が許されず、今日一部の人々によって批判せられているように、遺憾ながら後進資本主義国として、白人の後について、時にはかれらと競争し、しばしば隣国との間に事をかまえ、そしてその最後のカタストロフィが、すなわち「大東亜戦」という民族の最大の悲劇に突入し、旧日本、少なくとも軍国日本の解体を結果したわけであります。

実際今日にして顧れば、明治開国当時の為政者のモットーである「富国強兵」自体に、その後の日本がついに今自敗戦に到る原因がこめられていたともいえましょう。すなわち富国とは、これをウラ返せば、やがて資本主義の抬頭を意味し、また強兵の主張が、軍国主義への萠芽となったことは、まったく「因果はめぐる小車」の如きものが含まれていたことは、今にして顧みれば全くその通りであります。だがそれは、現在において初めて分かる、いわゆる「後智慧」でありまして、残念ながら人間の智慧の多くは、この「後智慧」だといってよいでしょう。ところが当時の時代、すなわち明治期において、ある意味では今日の情勢を、いわゆる「後智慧」でなくて、予言し警告していた人々をしいて挙げるとすれば、それは無政府主義者の幸徳秋水を中心とする、「平民新聞」にこもっていた一群の人々と、今ひとつは、根本的には独自のキリスト信仰の立場に立ちながら、この幸徳秋水一派の人々と、不即不離の関係にあった内村鑑三先生を挙げることができましょう。そしてこの内村先生は、日清戦争は肯定したが、日露戦争には断乎反対され、いわゆる非戦論のために永年の交友関係であった黒岩涙香の主宰する「万朝報」を、ついに脱退されたのであります。

尚、この際、ついでに申して置きたいと思いますのは、このように内村先生は、日露戦争の場合には敢然起って、非戦論を叫ばれましたが、しかも当時の政府によって、先生が逮捕監禁されるということはなかったのであります。この点、今回の大東亜戦においては、とくに東条内閣の時代には、その政策に対するホンのわずかな批判によってさえ、直ちに逮捕監禁せられたことを思いますと、今さらのようにわたくしは、明治人の襟度の寛大さと、そのスケールの大きさとを思わずにはいられないのであります。

なおついでながら、内村先生が何ゆえ日清戦争には反対しなかったのに、日露戦争には反対して非戦論を唱えられたかということと、もう一つは、西郷南洲が、維新前に演じた役割りは、非常に前向きだったのに、維新後かれの演じた役割りは、それとは逆になったかという問題は、ひじょうに興味ふかい問題であって、ひとり西郷個人に関する興味という程度を越えて、明治維新というものを理解する上からも、一つの重大な点かと思われますが、しかしこれらの問題については、わたくし自身力が足りませんので、この限られた時間において触れることは、さし控えたいと思うのであります。同時に将来皆さん方ご自身に研究して頂きたいと思います。

それから、この際もう一つ申したいと思うのは、そうじて近代国家を創建した中心人物は、それぞれの国家において、半ば神格化せられて、永くその国民によって、いわば「民族の英雄」として尊敬し崇拝せられるということでありまして、一例を挙げれば、ソ連邦におけるレーニン並びに中国における毛沢東、さらに北朝鮮においては金日成などがそれであり、さらにインドにおいてはガンジーがそれに当たるといってよいでしょう。

ではひるがえって、われわれ日本民族においては、それは一たい誰かというに、普通にはそれに該当する人物が見当たらないのであります。そしてそれは、しいて挙げれば明治天皇がそれに当たるというべきでしょうが、しかし天皇であるために、いわばその代わりとして、一時は西郷南洲が考えられたわけでしょう。しかし西郷は先ほども申すように、維新までは前向きの立場をとった点からして、たしかに功臣の一人といえましょうが、維新以後になりますと、その立場は守旧の立場に転じたために、近代日本を開いた「国民的英雄」とは考えにくいわけであります。それ故、もし西郷南洲が数多い維新の功臣中、明治期を通じて最も民衆の人気を博したとすれば、その原因は、結局、その人物のスケールの大きかったことと共に、それがついに城山の露と消えたという、いわば「悲劇の英雄」になったことに対する、民衆の同情によるものでありまして、それはかの頼朝に亡ぼされた義経に対する、「判官びいき」と、一脈相通じるものがあるともいえましょう。

ところが、わたくしには、今一つ皆さん方に申しておきたいと思うことがありまして、それは何かというと、もちろん明治期の人びとは、その後の大正期及び昭和期の人びとと比べて、その骨っ節が太いというか、人間としてまともな人が多かったように思うのであります。では明治期において、一体いつ頃から日本人のこころが弛みかけて来たかと申しますと、日露戦争を境として弛みかけたということなら誰でもいうことですが、わたくしの考えでは、われわれ日本人のこころは、すでに日清戦争直後から、ボツボツ弛みかけたのではないかと思うのであります。こう申しますと、人びとの多くは、「イヤ日清戦争の直後には、例の三国干渉のために、国民は文字通り臥薪嘗胆の苦悩をなめたのであって、弛みかけるなどということは断じてない」ということでしょう。

ではこうした一般的見解があるにも拘らず、何故わたくしがこのような事をいうかと申しますと、それは内村先生の名著「地人論」――これはどうも奇妙な書名ですが、その内容は世界的展望の上に立って、実は日本民族の使命を論じた名著なのであります。ところが、この書物の再版の辞において先生は、「この書物は日清戦争の直前に出したが、この書物の中で述べた日本民族の使命は、日清戦争後の国民の現状を見ると、はたしてこのような遠大な使命の達成に堪えうるかどうか、どうも疑わしくなってきたが、しばらくこのままで再版することにする――」という意味のことが、書かれているのであります。それゆえ内村先生のような達識の士には、日清戦争に勝った直後から、われわれ日本国民には、すでに弛緩の兆しが見え始めたものと思われます。

最後に、明治期の終焉は、ご承知のように、明治天皇の崩御によって劃せられたわけですが、その時「ロンドンタイムス」がその社説において、「日本は今後下り坂になるだろう」と予言したことは、有名な事柄であります。明治以後の大正および昭和の時代を、興隆と見るか、はたまた衰退と見るかは、もちろん人によって、その見解を異にするわけであり、そしてそれが、その人の観点のいかんによる事は、申すまもないことであります。しかしながら、しいて申せば、この「ロンドンタイムス」の予言は、必ずしも当たらぬわけでもないと思われるのであります。わたくしなども、戦前には「ロンドンタイムス」のこのような予言に対しては、一種の反感を覚えたのでしたが、しかし今回の敗戦に当面してみますと、むげに否定もできないと思うのであります。しかもこの事は、明治天皇の崩御に乃木大将の殉死が伴ったことを考えますと、そこには一種の象徴的なものが感じられるのであります。同時にまた乃木大将は、いわゆる「明治の人間像」の最後の一典型とも言えようかと思うのであります。

（先生、感慨ふかげに話を了えられ、一礼の後壇を下られ、校長先生とご一しょに退場された。）

第二十八講――大正・昭和から敗戦へ

今日も名児耶先生は道服姿で、校長先生のご案内でご入場。やがて登壇、一礼の後、今日のテーマと次のような「歎異抄」からのコトバをお書きになられた。

「煩悩《ぼんのう》具足のわれらは、いずれの行にても生死《しょうじ》を離るることあるべからざるを憐みたまいて、願《がん》をおこしたまう本意、悪人成仏のためなれば、他力を頼みたてまつる悪人、もとも往生の正因《しょういん》なり。よて善人だにこそ往生すれ、まして悪人はと、おほせさふらいき。」

（「歎異抄」第三条つづき）

「では前週のところを暗誦して戴きましょう。サア出来る人、挙手をどうぞ」といわれると、今日も三十名以上の生徒が手を挙げる。そこで数名に当てられた後、「では最初から暗誦できる人？」といわれたら、七、八名のものが手を挙げた。そのうち三名が当てられて、美事にやってのけた。すると先生は「どうも大したものですね。それだけ出来たら一生の宝ですよ」とおっしゃられた。

そして、「では今日のところですが、これは第三条の後半で、この前の週の続きですが、大意は、「色いろな煩悩が身についていて、どうしても離れないわれわれ凡夫は、たとえどのような修行をしてみても、結局生死《しょうじ》の迷いを離れ得ないことを、みほとけは深くお憐みになって、どうしてもわれらを救わねば置かぬ——との大願をお建てになったご本意は、ひとえにわれわれ悪人を救いとってやろうとの御心ゆえ、他力すなわち一切をみほとけに委せたてまつる人間（すなわち、わが身を悪人と内省している人間）こそ、みほとけの救済にあずかる第一の条件である。かかるが故に、親鸞聖人は、つねに「普通の善人さえ救われるのだから、いわんや、自分が悪人だとつねに内省している人が、どうして救われぬことがあろうぞ」と仰せられたわけであります。

前回わたくしは、「明治の時代と人」というテーマで、明治時代というものに対して、平素自分の考えていることの一端を申してみた次第ですが、歴史の専門家でもない人間の申すことですから、ホンの一おうの参考程度にお聞き流しいただいて結構ですが、今日の話も、もとより同様であります。否、大正から昭和へ、そして今回の敗戦への歩みということになりますと、一そうその感が深いのであります。そんな事なら、いっそのこと止めた方がましではないか、と思われる人もおありでしょう。しかしわたくしの考えでは、如何なる人間も、少なくとも多少心ある人だったら、自国の歴史のあらましくらいは、特に自国の近代史のあらましについては、ひと通り心得ていなければなるまいと思うのであります。

ところが、そういうことを考えます時、いつも問題になるのは、すべての人に分かるような適切な「国民史」が欲しいということであります。イギリスには有名なグリーンの「英国国民史」というものがありますが、不幸にしてわが国には、それに匹敵するような権威ある国民史がないのであります。なるほど例の徳富蘇峰の手になる「近世日本国民史」という尨大な書物はありますが、しかし何分にも全部で百巻という大部なものですから、よほどの人でなければ、読むことはもちろん、今日では入手すらも容易でないほどであります。

が、それにしても、あなた方ご自身にしても、今日わたくしがお話し申そうとしているような、歴史的な問題については、わたくしなどのお粗末な話よりもはるかに詳細に、学校で歴史の時間に教わっているはずであります。しかしながら、わたくし自身の経験によりますと、どうも歴史というものは、学校でいくら習いましても、それだけでは、どうもハッキリとは身につきにくいものであります。そこで、わたくしみたいな歴史の専門家でもない者が、おこがましくもこうした話をするということは、前々から申すように、皆さん方に歴史に対する興味というか、関心をもって頂くための、一つのキッカケになればと考えてのことであります。

ところで前回の最後は、明治天皇の崩御によって、明治という輝かしい時代がピークを下りかけたと、「ロンドンタイムス」が評し、そしてそこには、さらに乃木大将の殉死というような、一種の象徴的な事件が随伴したということをも申したのでした。そしてそれから大正期の十五年を経て、昭和二十年の敗戦に至るまでの、ほぼ三十五年間における民族の歩みが、一体どのようなものであったかということは、それを要約的に述べることさえ、ほとんど不可能なほどに複雑多端を極めているといってよいでしょう。ただその間において、大正期の十五年間というものは、思想的にも文化的にも、かなり花やかな時代でありまして、人によってはそれを「大正の自由主義」、ないしは「大正デモクラシー」と呼んでいる人々もあるようですが、必ずしも当たらぬわけでもないと思うのであります。

ところで、今この大正期の十五年間を回顧してみますと、大正元年には隣国の中国において孫文により、初めて中華民国の成立を見ると共に、清朝はついに滅亡したのであります。ついで大正六年三月には、ロシア革命がおこって、旧ロマノフ王朝が亡びたのでありまして、比較的わが国に接近している中国とソ連に、それぞれ大きな政治革命が起こったということは、しぜんにわが国民に対しても、それぞれ深い影響を与えたわけであります。そしてその翌年の大正七年には、いわゆる「米騒動」と呼ばれる騒擾が、日本の主要な都市に起こって、ついには軍隊の出動を見るに至ったのであります。この事件の発端は、富山県下の漁村の婦人たちですが、その契機となったのは、神戸の鈴木商店を初めとして、全国各地の米商人が、非人道的な暴利をむさぼったことに、その端を発したわけですが、同時にそこには、前年に起こったソ連革命の影響が、無意識的にもせよ、無いとは言えないと思うのであります。そしてこの米騒動のあとに、初めて一平民の原敬が首相になったのでありまして、それまでわが国の首相は、一人のこらず薩摩か長州出身の、いわゆる維新の元勲たちによって、互いにタライ廻しされていたのでありまして、これは当時のわが国というものを考える上で、一つの重要なカギといってよいでしょう。

以上、大正期の瞥見を了わるに当たって、一言したいのは、この時代に活躍した文化関係の巨人たち、たとえば岡倉天心、内村鑑三、西田幾多郎、夏目漱石、森鷗外等々は、いずれも明治維新の前後に生まれた骨太で逞ましい、生粋の明治人だということであります。すなわちその活躍したのは、大正期からさらに昭和期まで及んでいますが、その面魂は生粋の「明治人」だということは、この際看過してならないことだと思うのであります。

次に、十五年間の大正期が終わると同時に、昭和期に歩み入るわけですが、そこから昭和二十年の敗戦に至る二十年間は、日本も世界も、実に激動の時代だったといってよいでしょう。そのうち、しばらくわが国だけについて、主なる問題ないし事件を考えてみましても、昭和元年には、初めて普選法が通過し、ついで一年おいた同三年には、初めて普選法による総選挙が、全国的規模において実施せられたのであります。しかしその前年の昭和二年に、初めて「岩波文庫」が創立せられたということも、文化的には注目すべき事柄といってよいでしょう。同時に昭和四年には、隣国中国の漢口では、排日暴動が勃発していますが、これが後の不幸な日中事変の、いわば萠芽ともいえるでありましょう。同時にこの年には、日本共産党の大検挙が行なわれているのであります。

ついで昭和五年に入りますと、資本主義の矛盾はようやく深められて、農村の危機が深刻化して来たのでありまして、これがやがて後に起きる五・一五事件や二・二六事件の深因となったわけであります。すなわち翌六年には、東北地方は大凶作でありまして、農民の子女が借金や納税のために、売られてゆくという農村悲劇が、到るところに見られるようになったのであります。かくして昭和七年に入るや、ついに「五・一五事件」が勃発して、時の首相犬養毅が暗殺されるわけですが、犬養首相はその時、自分にピストルの銃口を向けた叛乱軍の青年将校に向って、「話せば分かる」といったのに対して、青年将校は「問答無用!!」という一語と共に、老首相を斃したことは、その後今日に至るまで、心ある人びとの心の底に刻まれている事実であります。

かくしてわが国は、今や国内的にも重大な段階に突入しつつあったわけですが、それはまた国際的にも反映して、昭和八年には国際連盟を脱退し、同十一年にはロンドン軍縮会議からも退くという事態にまで立ち至るわけですが、さらにこの年には、「二・二六事件」が陸軍の青年将校によって勃発して、斎藤実、高橋是清等の重臣が暗殺されたのであります。

さらに翌十二年には、ついに日・中事変の発端になった例の蘆溝橋事件が勃発して、日・中関係はついに底知れぬ泥沼に陥ったのであります。同時に他方には、わが国を徹底的敗戦に追い込んだ日・独・伊三国が防共協定を結ぶに到って、わが国は全く致命的な桎梏の中に、われとわが身を陥入れたといってよいのであります。そしてその破局的運命は、ご承知の昭和十六年十二月八日、ハワイの真珠湾の奇襲攻撃となったのであります。ついでながら、この時米国の政府および軍当局は、わが国の真珠湾攻撃を、その暗号の解読によって、事前に予知していたことが、終戦後数年にして、米当局から発表せられたわけですが、ではどうして米軍は、それを予知しながら防がなかったかというに、それは米政府当局としては、日露戦争いらいの対日根本政策として、わが国を「東亜の番犬」たらしめると同時に、それ以上にはのさばらせないという方針であったが、一般米国民には、わが国に対してさまでに深刻な反感はなかったために、対日宣戦への敵愾《がい》心をあふるための苦肉の策だったわけであります。

かくして真珠湾の奇襲によって、幕を切って落された日本軍は、米国の尨大な物量と、その合理的作戦とによって、最初南方海上で英国の不沈戦艦といわれた、プリンス・オブ・ウェールズ号を撃沈したホンの緒戦において優勢だけで、自後戦局の拡大と共に、しだいにその劣勢は動かすべからざる情勢となり、とくにミッドウェイ海戦において、わが国航空母艦が徹底的に殲《せん》滅せられたことによって、いよいよ決定的となったのであります。

かくしてわが国は、南太平洋上の島々に派遣した兵員への補給の路を断たれる始末となり、そのために特に悲惨だったのは、ビルマとフィリッピンだったのであります。そしてガム島やアッツ島における全滅を迎え、さらに米軍の沖縄上陸によって、わが国の敗戦は決定的となった処へ、昭和二十年八月九日、ソ連軍の旧満州国への不法侵撃と、米軍による広島および長崎への原子爆弾の投下によって、ついに御前会議により無条件降伏の決定を見、八月十五日ラジオによる陛下の「終戦宣言」によって、ついに戦争の終結を見るに至ったのであります。なお御前会議の席上では、降伏の勧告に対する受諾と拒否に関して、完全に意見が二分されて同数だったため、やむなく最後に陛下のご裁断によって、ついに無条件降伏の勧告受諾に決したという一事は、大東亜戦の最終的ピリオドとして、永久に特記せられるべき重大な歴史的事件と言ってよいでしょう。

（心なしか沈痛な語調のうちに話を了えられた先生は、静かに降壇、校長先生と退場された。）

第二十九講――戦後のあゆみと民族の前途

道服姿の名児耶承道先生は、今日も校長先生のご案内でお越しになった。やがて登壇、一礼の後、今日のテーマと、次のような「歎異抄」の言葉をお書きになった。

「専修《せんじゅう》念仏のともがらの、わが弟子ひとの弟子という相論《そうろん》の候らんこと、以《も》てのほかの子《し》細《さい》なり。親鸞は弟子一人も持たず候。その故は、わが計いにて、人に念仏を候わばこそ、弟子にても候わめ、弥陀のおん催《もよお》しにあずかって念仏申し候人を、わが弟子と申すこと、きわめたる荒涼《こうりょう》のことなり。

つくべき縁あればともない、離るべき縁あれば離るることのあるをも、師をそむきて人につれて念仏すれば、往生すべからざるものなりなんどいうこと、不可説なり。如来よりたまわりたる信心を、わがもの顔にとりかえさんと申すにや。かえすがえすも、あるべからざることなり。自然《じねん》のことわりに相叶わば、仏恩をも知り、また師の恩をも知るべきなり云々《うんぬん》。」

（「歎異抄」第六条）

先生、例により暗誦させられた後、さて今日のところの大意は、

「法然上人を師と仰ぐ念仏一筋の人びとの中には〝あれはわしの弟子だ〟〝イヤあれこそわしの弟子だ〟などという言い争いがあるのは、全く以っての外の誤りというべきである。そして仰せられるには、〝わしには弟子などという者は一人もない〟そのわけは、わしの力で念仏を申させたのだったら、弟子とも言えようが、みほとけのお力に催されて念仏を申すようになった人に対して、〝あれはわしの弟子だ〟などと言うことは、まことにもって途方《とほう》もないことである。

つくべき縁があれば、共に念仏し、また離れるべき縁ともなれば離れる事もあるのに、〝師匠に背いて、他の人について念仏したのでは救われない〟などということは、まったく言語道断な沙汰である。そういう人は、みほとけから戴いた信心を、まるで自分の物とでも考えて、取り返えそうとでもする気なんだろうか。どうも返えすがえすも、ある可らざることである。そうした無理な事をしなくても、もし自然の道理に叶ったならば、やがてはみほとけのご恩も分かるようになり、また師匠のご恩も知るようになるものであるのに——」というほどの意味でしょう。

さて前回には、わが国の大正期以後敗戦に至るまでの、民族のあゆみのホンの概観を、まるで鳥瞰図みたいに瞥見《べっけん》してみたわけでしたが、それによってもこの前後三十五年ほどの期間は、われらの民族にとっては、文字通り激動の時代だと言ってよいでしょう。しかしそれはひとりわが国のみならず、世界の主だった国々の歩みもまた、わが国ほどではなかったとしても、たしかに激動の時代だといってよいでしょう。そしてそれは、その間に第一次世界大戦が起こっていることによっても明らかだといえましょう。すなわちそれは大正三年に始まり、大正六年に及んでいることによっても明らかであります。そしてわが国が「大東亜戦」において敗れた事によって、第二次世界大戦にいわば終止符が打たれたわけであります。

ところが、大東亜戦の終結から現在にいたるまでには、すでに四分の一世紀という「時」の流れが経過したのであります。随って現在ここにいられる皆さん方は、いずれも戦後の未曽有の動乱の中に生まれた人びとであって、いわゆる「戦後っ子」の人ばかりであります。ところが現在四十二歳になっているわたくし自身は、丁度昭和の初期に生まれましたから、いわば戦中戦後を、身をもって通り抜けて来たわけであります。同時にそれだけに、今こうした回顧の立場に立ちますと、感慨の無量なものがあるのであります。

まず昭和二十年の八月十七日には、敵の元師マッカーサーが、神奈川県下の厚木へ上陸し、ついで九月二日には、ミズリー艦上における降伏文書への調印が行なわれ、自後アメリカ占領軍によって次々と、いわゆる「占領政策」の手が打たれたのであります。まず九月二十六日には、天皇の占領軍指令官のご訪問を始めとして、悪法の名の高かった「治安維持法」の廃止および政治犯の釈放、ついで戦犯容疑者の逮捕から、日本共産党の結成、および婦人参政権をふくむ改正選挙法の成立、さらに、神道の特権の廃止や、修身科および日本史の授業の禁止等々、未曽有の大変革が、敗戦の年内四ケ月ほどの間に、次々と手が打たれたのであります。

ついで昭和二十一年の年頭の詔書において、天皇の神格否定が宣言され、ついで公職追放が行なわれ、つづいて行なわれた総選挙では、三十九名の婦人代議士が当選すると共に、五月一日にはメーデーが復活され、つづいて極東軍事裁判が開廷せられて、戦犯の裁判がスタートしましたが、しかしこの年の十一月三日に「新憲法」の公布せられたことは、最も重大な出来事といってよいでしょう。なお新憲法の成立過程については、色々と複雑かつデリケートなプロセスがたどられたといえましょうが、しかしそれらの細部にわたる事情に立ち入ることは、時間その他の関係でここには出来ませんから、心ある方々の今後研究せられることを切望して止みません。

このように、無条件降伏によって、われらの民族の上にもたらされたものは、敗戦国民の常とはいえ、まことに冷厳にしてかつ深刻極まりないものだったわけですが、しかし幸か不幸か、これら諸もろの変革は、軍閥によって祖国を敗戦にまで陥し入れたわれらの民族にとっては、そこには、不可避の一面があったともいえるのであります。

しかしながら、国民全体の生活は、当時はまったく窮乏のドン底に陥入っていたのでありまして、すなわち大都会の約八割前後は、爆撃のために焼土に帰して、人々は住むに家なく、衣類などもほとんど全焼したばかりか、三度三度の食事すらも、ほとんど入手のすべなく、随って国民の大部分が、いわゆる闇物資の「買い出し」に狂奔して、大都会の住民が遠く北陸・山陰から東北や九州・四国の奥地までも、つてを求めてわずかの食糧の買い出しにでかけ、そのために、さらに回数も少なく不便だった列車の大方は、そうしたいわゆる買出し部隊によって占拠せられたのでありまして、その間ほとんど貴賤貧富の差がなくなって、いわば一億総乞食化といってよい餓鬼道を現出したのであります。

同時に、この辺のことについては、おそらく皆さん方も、時々ご両親から聞かされたことがおありでしょうが、しかし人間というものは、結局実際にみずから経験したことでなければ、真の理解はできないわけですから、そうした点から考えますと、皆さん方が、はたして幸福であるか否かは、容易にいえないのではないかと思うのであります。

それというのも、その後のわや国の歩みは、はじめのうちはまことに遅々たるものでしたが、昭和二十五年六月、朝鮮事変の勃発を機として、わが国の経済関係はようやく多少のゆとりが生じかけたわけですが、しかしこのことは、隣国の同胞が相撃つ悲劇によるものであるだけに、今なお胸のうずきを覚えずにはいられないのであります。しかしとにかく、その頃からわが国の経済状態は、かすかながらも復興の微光が見え出したといってよいのであります。

しかるにその後約十年の間、遅々たる歩みながらも、戦後経済の再建のために、国民は営々として辛苦して来たわけですが、昭和三十五年故池田勇人氏が首相になるに及んで、巨大な設備投資による経済再建の巨歩をあゆみ始めたのでありまして、今日におけるわが国の未曽有の物質的繁栄は、主として当時の池田首相の積極的な経済施策によって、その基盤が築かれたといってよいでしょう。すなわちわが国は、十五年に及ぶ長期戦のために、国の生産機械は全くオンボロになり果てたために、そのままでは戦後の貿易戦線において、欧米諸国との太刀打ちなど、とうてい不可能なことを洞察した池田首相の一大英断により、わずか数年の間に、わが国の全生産機械は根本的に一新せられて、戦時中のボロ機械に替えるに、当時世界各国における最新鋭の機械と取り替えることが出来たのでありまして、ここにわが国の今日の物質的繁栄の基礎は築かれたといってよいでしょう。

しかもそのような歩みは、池田首相の死後も引きつづき進められまして、わが国の生産機械は、今やアメリカに次ぐ新鋭品となりつつあり、その点では永い間及び難いと考えられていた西欧諸国をもしのいで国民の総生産率は、一時は世界第二位を占めたことは、皆さん方もご承知の通りであります。そしてそのために、当のアメリカ自身からも、ある意味では嫉視を買い、わが国に対する経済的圧迫の手が、色々な面から為されたということも、心ある人々はすでにお気づきのことと思うのであります。

しかしながら、このような未曽有の経済的繁栄については、無条件的にこれを喜んでいられないことは、すでに各方面における深刻なる公害、さらにはエネルギー源としての石油自身が、ようやく枯渇の兆しを示しつつある事によって、深刻に知らされつつあるのであります。

同時に、これらの問題と並んで重大な問題は、そもそも物の面における繁栄は、逆に心の面において は貧困化するということでありますが、われらの民族はきわめて最近に至るまで、この深刻な真理を知らなかったのであります。すなわち、つい数年前までは、精神の発達と経済的な進歩とは、平行的に進歩することが可能であるかに考える、安易な楽観論者が多かったのであります。しかしながら、「易」の世界観のもつ哲学的真理に対して、絶大な敬意を払っているわたくしは、このような安易な考え方には賛同し得ないどころか、唯今も申すように、物的生産物が豊富潤沢になればなるほど、逆に人間の精神的緊張は弛緩するものだということは、今やわれらを囲繞しているあらゆる事象の上に、一々実証せられるに到ったのであります。

かくしてわが国の生産力は、今や世界的な高水準に達し、国民の物質生活は、これを六、七年前と比べる時、ほとんど別世界といってよいほどの繁栄の中に置かれていることは、これを民族全体の上から考える時、決して手放しで喜べないどころか、その民心に及ぼしつつある影響を思うとき、実に深憂に堪えない状態といってよいでしょう。この事は、たとえば男性の女性化と女性の男性化、また留まるところをしらぬ性的頽廃等々、一々枚挙にいとまのないほどであります。にも拘らず、心ある人びとが声を大にして叫んでも、一こう耳を傾けなかった国民大衆も、今や「公害」問題を序曲として、「石油問題」の絶壁に当面せしめられることによって急激に生活の抑制を不可避とするに至ったことは、皆さん方も日々の新聞その他の報道によって、事態の容易ならざることを知らしめられているわけであります。しかも、「石油問題」は、やがてわれわれ人類にとっては深刻な世界的資源の枯渇問題の提示であり、その行き着くところ最後は人類にとって文字通り絶対的ともいうべき「食糧」の危機さえ、予見せられ出したといえるのであります。そしてこれらの問題は、もしこれを宗教的な立場からいえば、今や人類そのものに対する神の絶大なる警告の開始といってよいでしょう。

同時に、もしこうした宗教的な考えは受け入れ得ないという人も、これを「易」の哲理に照らして考えたならば、何人も首肯せずにはいられないでしょう。すなわち、物的生産力の急激な増大という大いなるプラス面に対して、そのウラに、いわば人知れず巨大なるマイナス面が生じていたのに、ごく最近にいたるまで、人類全体がこれに気づかなかったというわけであります。すなわち「易」の哲理に照らして考えれば、一方に自然化学による巨大なプラス面が生じれば、必然に他方に同じ程度の巨大なマイナス面の生じるのは、まさに「宇宙の大法」による不可避の必然といってよいわけであります。それと申すのも、「易」の哲理によりますと、宇宙的生命は、それのもつ絶大な平衡的バランスによって、自らの真理性を保ち、かつ実証しているからであります。ここ数年来のように、わが国の生産力が急激に増大し上昇すれば、それに対して他の面に巨大なマイナスとしての「公害」、および自然破壊の進行するのはむしろ当然といってよく、さらには、それら一切の物的原動力となっていた「石油」の枯渇に行きつくことも、これまた明々白々たる不可避の必然であります。かくしてこれらの一切は、まさに「宇宙の大法」、すなわち宇宙的真理の必然でありまして、今こそ人類は、このような絶大な「宇宙的真理」に対して、虚心にその声に耳を傾けねばならぬ段階に達したといえましょう。

（先生、感慨深い面もちで話を了られ、静かに降壇、校長先生と共に退場された。）

第三十講——人類の将来について

道服姿の名児耶承道先生は、今日も校長先生のご案内でお越しになり、やがて登壇。一礼の後、今日のテーマと、次のような「歎異抄」の言葉をお書きになられた。

「念仏は無碍《むげ》の一道なり。そのいわれ如何《いかん》とならば、信心の行者には、天神・地祇《ちぎ》も敬伏《きょうぶく》し、魔界《まかい》・外道《げどう》も障碍《しょうげ》することなし。罪悪も業報を感ずること能わず、諸善も及ぶことなき故なりと云々《うんぬん》。」

（「歎異抄」第七条）

今日も先生は、はじめに暗誦させられた。そして先週の分のできた者が二十五名くらいあり、最初から暗誦できる者が八名もあったので、先生は大へんお喜びになられた。さて、今日のところの大意として、

「念仏を唱えるということは、この天地の間、何物にも妨げられる事のない絶対の一道である。ではそのわけは何故かというに、仏の本願力を信じて念仏する者に対しては、もろもろの天の神、地の神なども畏れ敬い、また悪魔や外道なども、仏の道の妨げをすることはできないからである。よしんば罪悪とても、その報いとしての悪果をもたらすことは出来ず、またいかなる善事も、念仏に

匹敵するほどの力はないからである」と。

今日は最後の時間ですから、この「歎異抄」のご紹介も、これで終わるわけですが、わたくしとしても、まことに心残りであります。しかし考えようによっては、これまでホンの数回でしかありませんでしたが、しかし「歎異抄」の中にこもっている、親鸞聖人の絶対他力の信仰、即ち一切をみほとけに打ち委せて、念仏の一道に徹するということが、如何なるものかということは、皆さん方が、本文の暗誦と取り組んで下さったことによって、匂いくらいは分って頂けたかと思うのであります。ついては、こうして蒔かれたタネを手がかりにして、今後とも研究をつづけて頂きたいと切に念じて止みません。

さて、前回にわたくしは、われらの民族がその敗戦後から、現在に至るまでの、戦後約四分の一世紀の歩みを、駈け足どころか、まるでジェット機みたいに一瞥《べつ》した程度に過ぎません。しかしそれによっても、われわれ日本民族が、過ぎ去った戦後から現在までの歩みほど、巨大な変化を経験した民族は、おそらく他にその類例がないのではないかと思うほどであります。実さい、敗戦直後の、あの極度の食糧難の窮乏時代から、今日のような物的繁栄がもたらされようとは、一体だれが予想しえたでしょう。

しかしながら、この大宇宙というものは、前にも申したように、巨大なる「調和」と「動的統一」という、絶大なる宇宙法則によって支配されているのでありまして、それは言いかえれば、「陽」があればその反面必ず「陰」がはたらいているのであります。そこで最近「公害」問題から切実な石油資源の枯渇問題、そしてそれは行きつくところ、最後は世界的規模における食糧不足までが論じられ出してきたということは、わが国および西欧の先進国における、戦後の急速な繁栄という「陽」の背後に、いつしか忍び寄っていた巨大なる「陰」としてのマイナス面が、今やその姿を現わしかけたというわけでありまして、われらの民族も今や遅まきながらも、このような深刻な危機感におそわれ出したのであります。もちろん公害はもとより「石油」の涸渇問題も、何もここ数年間に突然現われたのではないわけですが、しかし「公害」問題は、ここ数年前からのわが国の生産力の急カーブ上昇にともなって、急激に激増したわけであり、また「石油問題」に到っては、最近中近東の紛争の激化により、急激に爆発するに到ったわけであります。そのうち公害問題については、ご存知のように戦後農薬の濫用により、わが国の農村からホタルやトンボが、ほとんどその姿を消したが、しかしそれはひとり昆虫類ばかりでなくて、その深刻な薬害が、いかに深くわれわれの民族を侵しつつあるかを思えば、まことに戦慄を禁じ得ないのであります。最近におけるガンによる死亡率の急激な上昇は、今日までのところ、その確証はまだ明らかにされてはいませんが、しかしこれと全然無関係とはどうも考えられないのであります。

ところが、この公害問題は、ひとりわが国だけでなくて、広く欧米諸国においても重大化しつつあるようであります。ということは、根本的には今や人類は、これまでは極めて少数の人しか気づかなかった自然化学文明の弊に、ようやく気づき出したということでありまして、これは人類の文化史上、まさに特筆すべき事柄と思うのであります。何となれば、人類はこれまで自然化学的文明に対しては、ほとんど無条件的に礼讃してきたのでありまして、つい最近まで、このまま無限に進歩するかと考えて来たのであります。ところが、それほどまでに無条件に礼讃してきた自然科学文明にも、その背後に巨大な

「陰」の原理が作用《はた》らき、マイナス面が忍び寄っていたのでありまして、それが次第に増大して、今やその極限に達せんとしつつあるわけであります。ということは、端的に申せば、今や人類はその文明観の上に、重大な変革を迫られつつあるわけであります。勿論こうは言っても自然科学的文明が、近く消滅するというわけではありませんが、しかし少なくともこれまでのような手放し的肯定に関しては、今や深刻な反省を不可避とし、何らかの意味でその進歩もチェックしなければならなくなったのでありまして、それへの巨大な衝撃こそ、実に「石油問題」だといってよいでしょう。

同時にこの事は、これまでの西洋文明一辺倒的な考え方に対しても、徐々ながら、それに対する深刻な反省が開始せられ出したということであります。そしてそれは大観すれば人類の上には今やこれまでにかつて見られなかったような、空前の巨大な変革の予兆が見られ出したということでもあります。同時にそれは、今にして思えば、第一次大戦を境として、すでにその序曲は始まっていたのでありまして、今日の第二次世界大戦が、原爆によってその幕が閉じられた事によって、いよいよ明白にその相貌を露呈したわけであります。すなわちこれを一言にして、今や「世界秩序」の根本的な再編成が、徐々に開始せられ出したといってよいでしょう。そしてそれは、まず英国にその端を発し、ついでヨーロッパ諸国にも今や斜陽化の兆しが見え出したのであり、さらには自然科学的文明の代表者ともいうべき米国自体すら、今やそのピークが過ぎようとしていることによっても明らかであります。

ここまで来て、わたくしどもにとって新たな重大関心事は、「では人類の文明は、今後いかになり行くか」という問題でありましょう。確かにそうであります。だが、同時にこの課題を解くということは、何人にとってもまことに至難な課題といってよいでしょう。何となれば、個人の将来については、大よその見当は、ある程度つけられるともいえましょう。もちろん個々の具体的な事柄について分るはずはありませんが、しかし大よその見通しというか見当は、ある程度はつくともいえるのであります。たとえば今皆さん方のような、中学の上級から高校へかけての年齢の人にとっては、今後十五年もすれば、皆さん方の大部分の人は結婚されましょう。そしてその後二、三年もたてば、これまた大ていの人は、人の子の親となるといってよいでしょう。またそれから三十年ほど働けば、人生の本舞台としての活躍期は去って、六十歳前後に達すれば、普通の人びとは、第三期への引退が始まることでしょう。そしてそれから二、三十年もたてば、大方の人はこの世から引退ということになりましょう。このように、個人の前途というものは、一々の具体的な事柄は分かりませんが、しかし大体の見通しというか見当だけはつくのであります。そしてそれは、個人の生命には始めがあり終わりがあって、その上に無数の前例や実例に充ちているからであります。

しかるに、事ひとたび「人類の将来」ということになりますと、いかに聡明叡知の哲人といえども、人類が今後いかに成り行くかということに対して、十分な予見とか見通しのつく人は皆無と言ってよいでしょう。何となれば、人類そのものは個人のように、その始めと終わりを見届けることが出来ないからであります。すなわち人類については、その始終はありながら、実は無いのと同然なのであります。しかるに始めと終わりの無いものについては、そこには一つの完結体としての「型」がないわけでありますます。同時に、そこに何らの「型」もない時、われわれ人間には、予想とか予見ということが不可能なのであります。それというのも、われわれが何事かについて、ある種の予見を試みるには、それに先行する同種類の出来事の中に、ある種の「型」というか方式を見出し、それをふまえつつ、予見のモリを投げるわけだからであります。

それにしても、最近注目すべき書物として、トインビーの「未来を生きる」という書物の刊行せられたことは、何といっても人類の将来に対して予見と洞察への示唆をふくむ書物として、比類まれな大観・達識の見が披瀝せられており、さすがに碩学の名に背かぬと思うのであります。同時にここまで問題となるのは、このようなわれわれ人類にとっても最も重要な英知が、いわゆる「哲学者」と称せられる人々には期待しえないという事柄でありまして、この点はハイデッカーなどという今日西洋で一流といわれている人においても同様であります。ではそれは何故かというに、西洋で「哲学」と呼ばれている学問には、それぞれ伝統的な「型」があって、古今を空しうして、真に人類の将来を大親するようなものではないからであります。その点トインビーは卓越した世界史家として、人類の今日に至るまでの過去六千年以上に及ぶ間、それぞれの人種の生み出した文化の類型を大観して、それらを比較検討している点で、史家としては全く空前の「碩学」といってよい人でしょう。そしてこの書物は、そのような彼が齢八十歳を過ぎた今日、いわばこの世への「置き土産物」として、人類に書き残したものといってよいほどですから、皆さん方もこの書物だけは、ゼヒ一読されるがよいと思います。

しかしながら、如何にトインビーが卓《すぐ》れた世界史家であるといっても、かれがこの書物の中で述べている予言が、はたしてどの程度まで的中するか否かは、もちろんトインビー自身としても、おそらくは確言できる事柄ではないでしょう。たとえばトインビーは、人類の前途に横たわっている最大の問題は、原爆戦が起こって人類の大部分が死滅して、新縄文土器時代に還るか、それとも、もし原爆戦が起きないとしたら、一種の世界的な独裁政治が始まるだろうという予言をしていますが、もちろん原爆戦のあった場合、人類の大部分の死滅することはいうまでもないことでありますが、しかしながら、現在の文明の断片と、それを生かしうる人間や多少でも生き残っているかぎり、新縄文期まで後退するか否かは、疑問の余地があるといってよいでしょう。さらにもし原爆戦が起きなかったらとしたら、その場合世界には、世界的な規模における独裁政治が行なわれるだろうということも、それへのプロセスならびに様式によっては、その可能性がないとはいえないにしても、いわゆる「独裁」というコトバの内容いかんによっては、賛否いずれとも簡単には言えないと思うのであります。

ただトインビーが、もし原爆戦が回避せられた場合には、世界的な独裁政治の時期に入り、世界がそれによって、初めて平均化せられるであろうとの予言の中には、無下に否定し得ないものがあるとも言えましょう。しかもトインビーは、その場合独裁の地位に立つものが、何ものであるかという点については、少なくともこの「未来を生きる」という書物の中では、明言していませんが、この書とほぼ同じような内容を持っている「現代からの挑戦」の中では、それを某々国民であろうと言っている点は、これまた注目すべき言といってよいでしょう。

わたくし自身は、しばしば申すように、歴史に関しては全然の門外漢であり、いわんや世界史学というような問題については、完全に無識の人間であります。随って人類の将来というが如き問題に関して、世界史をふまえて発言するなどということの出来る人間では毛頭ありません。ただわたくしのような人間でも、今日民族の前途と人類の将来に対する思念は、つねに心の底から消え去ることがないのであります。いわんや最近のように、「石油問題」を中心として世界資源の枯渇が重大化しつつある人類の現段階について思念する時、その場合もし基準とすべきものがあるとすれば、それは結局すでに多少は申してきたところの「易」の世界観が含蓄している偉大なる哲理としての、「宇宙の大法」の大用だといってよいでしょう。すなわちそれは、端的に申せばこの地上では、如何なるものも栄枯盛衰の理を免れえないということでありまして、それはまた言いかえれば、「奢るものは久しからず」であると共に、また「極陰は陽に転ずる」の理ともなるわけであります。随ってまたその理から推せば、現在米・ソ・中・日のうちで、その国民が挙国一致、もっとも緊張しているのは、生産力の一ばん劣っている中国というべきかも知れません。同時にホンの数年間における経済的繁栄のために、かつてなき弛緩ぶりを露呈しているのは、いうまでもなくわれわれ日本民族といってよいでしょう。かくして今や、これらの四大国をはじめとして、世界人類の前途がいかに成り行くかを、心あるわれわれ日本人は、冷厳に凝視しつづけなければならぬと思うのであります。先にも申すように、わたくしにはトインビーの予言が、果たしてどの程度に的中するか否かは分りません。しかしながら、前に申した「易」の哲理の含蓄している「宇宙の大法」ともいうべき宇宙的法則より逃れるものは、一物といえどもないという事を、わたくしは確信して疑わないものであります。いわんや国家民族というが如き巨大な存在においておやであります。随ってトインビーの予言の的中如何にかかわらず、世界史の展開そのものが、わたくしから申せば、「宇宙の大法」の顕現であって、それ以外の何物でもないわけであります。

では、永い間この拙い話をご静聴頂いたことに対して、衷心から感謝しつつ、一応これを以ってお訣れとしたいと存じます。

（こうした最後のご挨拶と共に一礼せられた名児耶先生のお姿は、おもむろに壇を降りられると共に、校長先生のご案内で退室されたが、満場水を打ったような静けさで、一人として起つものがないばかりか、しばらくは、しわぶき一つ聞かれなかった。）

本書は昭和四十八年八月二十日に社団法人 実践人の家から刊行された
『幻の講話』を新装したものです。

【著者略歴】

森 信三

明治29年9月23日、愛知県知多郡武豊町に端山家の三男として生誕。両親不縁にして、3歳の時、半田市岩滑町の森家に養子として入籍。半田小学校高等科を経て名古屋第一師範に入学。その後、小学校教師を経て、広島高等師範に入学。在学中、生涯の師・西晋一郎氏に出会う。後に京都大学哲学科に進学し、西田幾多郎先生の教えに学ぶ。大学院を経て、天王寺師範の専任教諭になり、師範本科生の修身科を担当。後に旧満州の建国大学教授として赴任。50歳で敗戦。九死に一生を得て翌年帰国。幾多の辛酸を経て、58歳で神戸大学教育学部教授に就任し、65歳まで務めた。70歳にしてかねて念願の『全集』25巻の出版刊行に着手。同時に神戸海星女子学院大学教授に迎えられる。77歳長男の急逝を機に、独居自炊の生活に入る。80歳にして『全一学』5部作の執筆に没頭。86歳の時脳血栓のため入院し、以後療養を続ける。89歳にして『続全集』8巻の完結。平成4年11月21日、97歳で逝去。「国民教育の師父」と謳われ、現在も多くの人々に感化を与え続けている（年齢は数え年）。著書に『修身教授録』『人生二度なし』『森信三一日一語』『森信三訓言集』『１０代のための人間学』『父親のための人間学』『家庭教育の心得２１』（いずれも致知出版社）など多数。

幻の講話
第四巻「人は何のために生きるか」

平成二十九年十二月二十五日第一刷発行
令和三年十一月三十日第二刷発行

著者 森 信三
発行者 藤尾 秀昭
発行所 致知出版社
〒150-0001 東京都渋谷区神宮前四の二十四の九
TEL（〇三）三七九六―二一一一
装幀 川上成夫
印刷・製本 中央精版印刷
落丁・乱丁はお取替え致します。 （検印廃止）
※分売不可

ISBN978-4-8009-1166-7 C0095
ホームページ https://www.chichi.co.jp
Eメール books@chichi.co.jp